KB162344

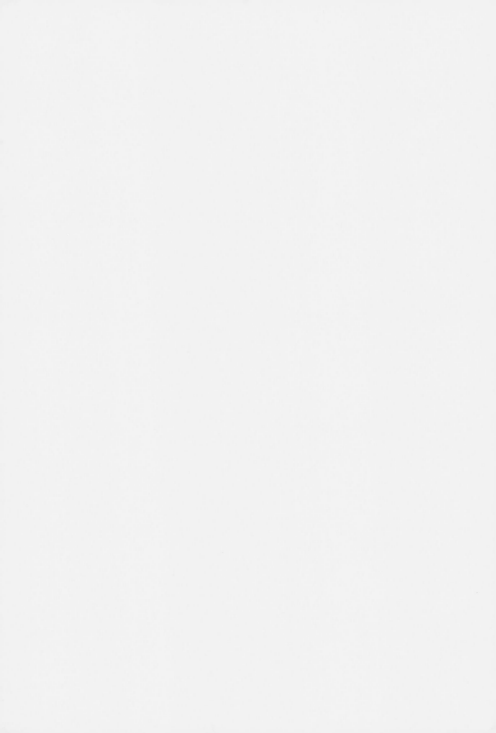

철학으로 마음의 병 치유하기

주혜연 Ju, Hye-Yeon_동아대학교 철학생명의료윤리학과 조교수

동아대학교 철학생명의료윤리학과의 조교수로 재직하며 〈상상과 실존치료〉, 〈중독의 이해〉, 〈행복한 삶과 윤리적 삶〉, 〈삶의 문제와 해결을 위한 동서철학의 대화〉 등의 강의를 담당하고 있고, 실존철학과 로고테라피를 기반으로 하는 철학상담 및 임상철학과 관련된 주제를 연구하고 있다. 독일 로고테라피 전문가 자격을 취득하였으며 고등학교, 대학교에서 개인 및 집단 철학상담 활동을 하고 있고, 현재 한국철학상담치료학회의 총무이사를 맡고 있다. 관련논문과 역서로는 「야스퍼스의 실존적 정신병리학과 철학상담-필로테라피(PLT)를 통한 실존적 자기되기」(박사논문), 「야스퍼스의 정신병리학에서 건강, 병 그리고 치료의 의미」, 「현대인의 소통과 고독에 관한 고찰-야스퍼스의 실존철학적 관점에서」, 「야스퍼스의 실존적 상호소통에 기초한 난민문제에 대한 고찰」, 「야스퍼스의 자살에 대한 철학적 고찰과 철학상담」, 「빅터 프랑클의 실존분석과 로고테라피에 대한 철학적 고찰」, 『치유-심리치료로서의 철학』(루츠 폰 베르더, 공역) 등이 있다.

경북대학교 인문교양총서 55
철학으로 마음의 병 치유하기

초판 1쇄 인쇄	2022년 10월 18일
초판 1쇄 발행	2022년 10월 31일
지은이	주혜연
기 획	경북대학교 인문대학
펴낸이	이대현
편 집	이태곤 권분옥 임애정 강윤경
디자인	안혜진 최선주 이경진
마케팅	박태훈 안현진
펴낸곳	도서출판 역락
출판등록	1999년 4월 19일 제303-2002-000014호
주소	서울시 서초구 동광로 46길 6-6 문창빌딩 2층 (우06589)
전화	02-3409-2060
팩스	02-3409-2059
홈페이지	www.youkrackbooks.com
이메일	youkrack@hanmail.net

ISBN 979-11-6742-369-6 04100
        978-89-5556-896-7(세트)

이 책은 2021년 정부재원(경북대학 국립대학육성사업)으로 한국연구재단의 지원을 받아 제작되었습니다.

철학으로 마음의 병 치유하기

주혜연 지음

경북대학교 인문교양총서

055

역락

　우리는 일상에서 마주치는 정신적 고통들을 삶에 주어진 당연한 부산물이라 여긴다. 10대 시절에 강요되는 과도한 경쟁은 성장과정의 통과의례로 포장되고, 20대의 불안은 청춘이라면 누구나 겪는 아름다운 경험이라고 자위한다. 좀 더 나이가 들고 지혜로워지면 시기, 불안, 질투, 분노와 같은 감정적인 고통에서 자유로워질 것이라 기대하지만, 30대와 40대를 지나오면서도 정신적 고통은 여전히 우리 곁을 떠나지 않는다. 육체적 고통에 대해서는 작은 상체기하나 용납하지 않지만, 정신적 고통에 대해서는 피할 수 없는 숙명인 듯 무감각 하게 받아들인다. 물론 최근에는 많은 사람들이 정신적 고통을 질병으로 인식하고 정신의학에 의지해 고통을 해결하고자 노력한다. 정신적 고통을 의지의 결여나, 정신적 나약함으로 취급해 회피하거나 방치해왔던 과거에 비해서는 긍정적으로 변화한 것이라 생각된다.

　그러나 진짜 문제는 우리가 경험하는 대분의 정신적 고통은 질병으로 분류되지 않는 종류의 것이라는 사실이다. 우울증이나 공황장애와 같은 정신적 질병이 미디어를 통해 익숙하게 느껴지지만, 정작 일상을 살아가는 우리들을 괴롭히는 것은 미래에 대한 불안, 성공에 대한 욕망, 동료와의 소통부재로 인한 갈등 등 현대 의학에서 질병으로 분류하지 않는 고통들이다. 이런 고통들은 질병이나 정신적 이상의 결과라기보다는 현실 세계에 내던져진 인간이 필연적으로 가질 수밖에 없는 존재론적 고통이다. 그렇다면 인간은 자신이 겪는 정신적 고통을 참아내며 버텨야만 하는 것일까?

인간이 삶 속에서 고통을 완전히 회피하거나 극복할 수는 없다. 그러나 자신이 겪는 고통의 성격을 성찰하고 이해하고 있을 때 고통의 의미가 다르게 다가올 수 있다. 마치 인간이 중력의 한계를 이해할 때, 그 한계를 극복하고 우주로 날아오를 가능성이 열리는 것처럼 말이다. 자신이 겪는 정신적 고통을 인정하고, 그 실체를 조명하려는 노력은 적어도 자신이 고통에 매몰 되는 것을 막아줄 수 있다. 필자는 철학을 가르치고 연구하는 일을 직업으로 가지고 있지만, 많은 사람들처럼 불안과 후회, 절망 속에서 정신적 고통을 경험해 왔다. 그러면서 알게 된 사실은 수많은 철학자들도 우리처럼 고통을 경험해왔고, 그것을 극복하기 위해 끝없는 노력을 해왔다는 사실이다. 우리가 겪는 정신적 고통은 나만의 문제가 아니며, 인간이라면 누구나 경험하고 고민해온 문제들이다. 철학함을 통해 자신의 마음을 들여다보고, 진정한 자기를 성찰하는 것을 통해 우리는 스스로의 정신적 고통을 치유해 나갈 수 있을 것이라 생각한다. 철학이라는 학문이 우리의 삶과 동떨어진 이론의 나열이 아니라, 자신의 존재를 비춰보는 거울이 될 수 있기를 바라며 이 글을 쓴다.

마지막으로 제 아이디어가 책으로 나올 수 있도록 기회를 주신 경북대학교 인문대학과 김재철 교수님을 비롯한 여러 은사님들께 감사드리며, 이 글의 윤문과 편집에 힘써주신 역락 출판사의 이태곤 이사님과 이경진 대리님께도 감사의 마음을 전한다.

2022년 10월
말리바움에서 주혜연

들어가는 말

지난 세기 대한민국은 전 세계가 놀랄 정도로 사회, 경제, 정치, 문화 등 여러 분야에서 엄청난 발전을 이루어 왔다. 그렇지만 그동안 쌓아 올린 눈부신 성과에도 불구하고 우리 사회에 어두운 그림자가 드리워져 있었음을 인정하지 않을 수 없다. OECD(경제협력개발기구)국가 중 가장 높은 수치를 기록하고 있는 대한민국의 자살률은 그러한 어두운 면을 단적으로 보여주고 있다. 2018년 기준 한국의 인구 10만 명당 자살자 수는 24.7명으로 OECD 평균인 11.0명에 비해 두 배 이상 높은 수치를 기록하고 있다.[1] 물론 자살률이 그 사회의 정신적 건강상태와 삶의 질을 나타내는 절대적인 지표라고 볼 수는 없다. 하지만 대한민국에서 살아가는 사람들이 얼마나 많은 정신적 고통에 노출되어 있는지를 보여주는 하나의 사례로서는 의미를 가질 수 있을 것이다.

이 세상에 던져지는 순간부터 삶이라는 과제를 어깨에 짊어지고 살아가야 하는 인간에게 육체적이고 정신적인 상처와 고통은 피할 수 없는 숙명과 같은 것이다. 인간은 자유의지와 자기결

---

1   보건복지부, '2021년 OECD 보건통계', 2021.

정을 통해 자기존재를 완성해간다는 점에서 기계나 동물과 구별되는 탁월한 존재이다. 그렇지만 바로 그로 인해 인간은 매순간 자기존재를 선택해야 하는 불안 속에 있으며 어떤 선택이든 자신이 선택한 삶에 대해 책임을 지며 살아가야 한다. 시험걱정, 취직걱정, 돈 걱정, 결혼걱정, 타인과의 갈등과 불화 등과 같은 수많은 걱정과 번민으로 잠을 설치거나 슬프고 우울한 날을 보내기도 하며 심할 경우에 마음의 병까지 얻게 되는 이유는 무엇인가? 곰곰이 생각해보면 그 모든 것은 궁극적으로 나 자신의 존재 때문일 것이다. 나의 존재는 지금 이 순간만이 아니라 이 세상에 태어나면서부터 미래에 있을 죽음에 이르기까지의 삶 전체에 해당된다. 이러한 삶의 전체 과정에서 자유의지와 자기선택은 한편으로 나자신이 유일무이한 자기존재를 완성할 수 있는 기회와 축복을 부여하기도 하지만 다른 한편으로 뿌리칠 수 없는 저주처럼 불안과 책임을 동반함으로써 우리의 마음을 고통스럽게 만들기도 한다. 그런 점에서 인간은 근본적으로 "고통스런 존재(Homo patiens)"라고 할 수 있다.

그러나 인간이 겪는 정신적 고통이 필연적인 것이라고 하더라도 그 고통을 무조건 감내하고 받아들이기만 해야 하는 것은 아니다. 일찍이 의학은 육체적 고통뿐만 아니라 정신적인 고통에 대한 치료법을 개발하기 위해 꾸준히 노력해왔으며 오늘날 여러 영역에서 많은 성과를 보여주었다. 특히 근대 이후 오늘날까지 뇌에 관한 해부학적 연구는 인간이 겪는 정신적 고통이 뇌 기능의 이상과 밀접한 관련이 있다는 것을 알아내고, 이에 기초하여 의학은 정신적 질병의 구체적인 원인을 규명하고 그에 맞는 뇌수술을 수행하고 있으며, 신경생리학적 체계에 대한 연구는 신경전달 물질에 영향을 주는 약물을 통해 정신질환을 치료하는 방법을 지속적 개발하고 있다. 그리고 인간의 정신병을 심층적 구조에서 밝히려는 정신분석학이 등장하면서 이전에 설명하지 못했던 정신적 병리현상을 과학적으로 증명하려고 시도하고 있을 뿐만 아니라 행동주의적 관점에서 인간의 심리를 인과적으로 설명하는 심리학 및 그와 연관된 다양한 심리치료법이 발전되고 있다.

그러나 인간의 정신적 활동은 뇌와 신경계의 작동 과정만으로 설명할 수 없는 너무나 복잡한 구조를 가지고 있다. 뇌 기능에 대한 과학적 해명도 쉽지 않을 뿐만 아니라 인간이 겪는 정신적 고통을 신경과학적으로 해결하는 방법에도 한계가 있다. 수술과 약물로 인한 해결이 급격한 고통을 약화시키거나 잠시 안정시킬 수는 있어도 많은 부작용을 초래하거나 일시적인 해결로 끝남으로 인해 또 다른 문제를 발생키거나 약물의 의존성을 심화시켜 더 큰 어려움을 유발할 수 있다. 나아가 정신분석학 및 심리학도 어떤 하나의 관점적 해석에 머물러 있는 있다는 점에서 개인의 정신적 고통과 연관된 수많은 원인을 규명하고 그에 상응하는 치유를 제시하기에는 불충분할 수밖에 없다. 그만큼 인간이 겪고 있는 마음의 병은 원인과 결과의 관계로 설명하는 과학적 진단이나 질병으로 계량화하거나 일반화하여 분류할 수 없는 질적이고 복합적인 요소들을 포함하고 있기 때문이다. 예를 들어, 불안, 질투, 좌절, 분노, 배반감, 무력감, 열등감 등과 같은 정신적 현상은 마음의 고통을 야기할 수 있는 것이지만 또한 정상적인 감정일 수도 있다. 그것들은 사람들의 개별적인 경험과 연관된 것으로서 특정한 인과적 틀 속에서 설명되거나 일반적인 질병의 기준과 경계로 규정할 수 없다. 다시 말해 과학적으로 규정되거나 진단할 수 없는 요소들을 포함하고 있다.

이처럼 정신적 고통을 유발하는 마음의 병은 의학적 진단과 치료만으로는 해결할 수 없는 매우 어려운 문제이다. 이러한 문제를 의학적 접근과는 다른 관점에서 이해하고 다른 방식으로 극복하려는 시도가 오래전부터 있어왔다. 그것이 다름 아닌 철학이다. 고대부터 철학은 마음의 병을 유발시키는 근원이 무엇이며 그에 상응하는 근본적인 치유방법이 무엇인지에 대해 묻고 대답하는 것을 중심과제로 여겨왔다. 잘 알려진 것처럼 '철학'이라는 낱말은 '지혜를 사랑한다'는 뜻을 가진 그리스어 '필로소피아(philosophia)'에서 온 것이다. 그 의미에서 본다면 철학은 어떤 분과학문이나 특정한 지식의 내용을 지칭하는 것이 아니라 행위를 가리킨다. 다시 말해 철학은 이 세상의 삶 속에서 봉착하는 문제들과 대면하여 그것을 극복할 수 있는 지혜를 획득하는 실천이며, 이러한 실천을 통해 자기성숙 및 자기강화를 위한 도모하는 '삶의 기예(Lebenskunst, ars vivendi)'라고 할 수 있다. 그런 점에서 철학에서 다루는 덕, 가치, 쾌락, 금욕, 행복, 인식, 진리 등과 같은 주제의 핵심에는 사실상 삶의 문제에 대한 깊은 이해로부터 마음의 고통을 해결하는 방안들이 담겨 있다.

예를 들어, 철학에서 중심과제로 다루는 죽음의 문제가 그러한 마음의 병과 밀접하게 연관되어 있다. 사실상 육체적 고통과 정신적 고통도 그 근원을 따져보면 모두 죽음에 대한 불안에서 비롯된 것이다. 인간이 죽지 않는다면 육체적이나 정신적 고통은 잠시 지나가는 것일 뿐 심각한 문제가 되지 않는다. 그런 점에서 철학은 인간의 가장 본질적 고통의 근원을 죽음으로 여기고 그와 관련하여 몸과 마음의 관계, 감정과 욕망의 정화, 정신의 능력과 참된 인식 등을 고찰함으로써 마음의 고뇌와 번민을 해결하려고 시도하였다. 이런 의미에서 철학은 한때 영혼의 정화작업 또는 죽음의 예비학으로 여겨지기도 했다. 철학을 통한 죽음에 대한 이해에는 육체적이고 정신적인 고통의 근원을 통찰하고 그로부터 벗어날 수 있는 삶의 지혜가 포함되어 있다. 이러한 삶의 지혜에는 인간의 유한함에 대한 자기인식의 수용과 그 한계를 넘어서는 초월적 가능성에 대한 성찰을 담고 있다. 이처럼 인간이 죽음을 피할 수 없는 존재라는 인식은 한편으로는 불안과 공포를 심어주지만 다른 한편에서는 자기존재를 성찰하고 현실의 문제를 극복할 수 있는 자기강화의 계기를 제공할 수 있다.

인간에게 죽음이라는 절대적인 한계상황은 의학적 치료만으로는 온전히 해결할 수 없는 것이다. 그렇다면 어떻게 해야 할 것인가? "한계상황"이란 모든 인간이 지식으로 알고 있는 일반상황과 달리 각자가 직면하여 자기존재를 깨닫게 되면서 그와 대결하는 지혜와 강인한 힘을 가질 수 있게 되는 근본적인 상황을 의미한다.[2] 이처럼 철학은 일찍이 죽음을 한계상황으로 이해하고 그로부터 주어지는 깊은 자기이해와 함께 불안을 치유하는 방법을 제시해왔으며 그러한 시도는 오늘도 계속되고 있다고 할 수 있다.

이러한 맥락에서 독일의 정신병리학자 칼 야스퍼스(Karl Jaspers, 1883-1969)는 정신병에 대해 연구하고 치료하는데 힘을 기울였을 뿐만 아니라 그것의 한계를 깨닫고 철학과 연관하여 인간의 정신적 고통을 본질적으로 해명하고 그에 상응하는 치유의 가능성을 제시하려고 했던 철학자로서 철학상담에서 매우 중요한 의미를 가진다. 인간에 대한 철학적 이해를 정신의학에 새롭게 접목시키려고 노력했던 야스퍼스가 제시한 철학적 관점의 정신병리학은 철학적 마음치유 및 철학상담의 영역에서 오늘날 새롭게 수용되고 있다. 위에서 예로 든 것처럼 그는 정신적 고통의 근원이 되는 죽음과 같은 한계상황을 자기조명의 계기로 삼고, 그로부터 자기치유의 가능성을 제시하는 실존조명이라는 철학적 이론을 제시하였다.

실제로 야스퍼스는 하이델베르크 의과대학에서 정신의학을 연구하는 교수로서 학생들을 위해 『정신병리학 총론』(Allgemeine Psychopathologie)이라는 정신의학을 위한 교재를 집필하였으며, 이후 여러 차례의 개정을 거치면서 인간의 정신적 고통을 해결하기

---

2   "한계상황"에 대해서는 이 책의 뒷부분에서 자세하게 설명될 것이다.

위해서는 의학적 관점과 심리학적 관점 외에도 철학적 실존조명이 필요하다는 사실을 보여주려고 노력하였다.[3] '철학으로 마음의 병 치유하기'라는 제목을 가진 이 책이 야스퍼스의 철학에 주목하는 것도 그러한 이유 때문이다.

정신의학자 빅터 프랑클(Viktor Emil Frankl, 1905-1997)은 이러한 야스퍼스의 한계상황 및 실존조명이라는 개념을 정신치료에 구체적인 방법으로 적용하였다. 프랑클은 유태인 수용소에서 야스퍼스가 말한 한계상황을 직접 경험하며 고통을 극복할 수 있는 근본적인 힘이 다름 아닌 삶의 의미를 위한 실존적 결단에 있음을 확인하고 실존적 정신분석(existential psychoanalysis) 또는 로고테라피(logotherapy, 의미치료)라는 심리치료법을 창안하였다. 이러한 프랑클의 심리치료 이론과 방법은 오늘날 정신분석학 및 심리학의 방법에도 많은 반향을 불러일으켰다. 이 치료법은 야스퍼스가 자기존재에 대한 근본적인 이해로서 제시하는 실존조명과 한계상황의 주요개념과 함께 철학적 인간학에서 제시하는 인격 및 가치 개념들을 반영한 것이다. 이 책에서는 야스퍼스의 실존철학에 기초한 프랑클의 의미치료 및 이와 연관된 실존적 심리치료가 현대 철학상담과 연관하여 구체적인 경험적 토대를 제공하고 있음을 보여줄 것이다.

---

3   K. Jaspers, Allgemeine Psychopathologie, Berlin, 1913. 1. Aufl., 1946 4. Aufl., 1953 6. Aufl.; 송지영 외 역, 『정신병리학 총론 1, 2, 3, 4』, 아카넷, 2014.

이 책은 마음의 병으로 정신적 고통을 겪고 있는 사람들에게 자기존재에 대한 성찰과 이를 통해 치유 및 회복에 도움을 줄 수 있는 철학상담을 소개하려는 의도에서 집필되었다. 우리가 철학적 전통을 통해 접해온 다양한 철학자와 사상가들은 사실상 철학적 성찰을 통해 자신과 타인의 고통을 치유하려고 노력해온 사람들이다. 먼저 이 책의 1부에서는 고대로부터 의학에서 마음의 병으로 인한 정신적 고통을 어떻게 다루어왔는지를 살펴볼 것이다. 근대 이후 의학 및 정신의학은 인간의 정신적 고통을 육체적 질병과 동일한 방식으로 대해왔다. 하지만 현대인의 정신적 상황에서 정신적 고통은 그러한 자연과학적 방법만으로는 본질적으로 치유의 한계가 있음을 보여주고 있다. 그에 대해 인간을 치료의 대상으로만 보지 않고, 자기를 성찰할 뿐만 아니라 그로부터 스스로의 문제를 치유할 수 있는 실존적 주체로 여기고 자기치유와 자기강화에 도움을 주려는 철학상담이 소개될 것이다. 2부에서는 철학상담의 구체적인 이론의 기초를 제시하는 야스퍼스의 실존조명과 이를 수용한 프랑클의 실존적 심리치료를 중심으로 철학적 자기이해가 어떻게 정신적 치유로 이어질 수 있는지 살펴볼 것이다. 여기에서는 인간이 자신의 존재를 이해하고 삶의 가치와 의미를 발견하는 실존조명의 과정이 "철학함"인 동시에 마음의 병을 치유과정이라는 사실이 제시될 것이다. 3부에서는 현대인에게 철학상담이 요구되는 구체적인 사례를 중심으로 마음의 병으로 인한 정신적 고통의 치유가능성을 다뤄볼 것이다.

제1부

질병으로 분류되지 않는
마음의 병

1. 현대인의 정신적 상황

'당신의 마음은 아프지 않은가요?' 당신의 정신은 건강
한가요?' 이런 질문을 받는다면 우리는 어떻게 대답할까? '특별히
아프지는 않습니다.' 대부분의 사람들은 이렇게 대답하는 경우가
많을 것이다. 그 이유는 흔히 사람들은 건강의 기준을 '질병의 유
무'로 여기고 있기 때문이다. 다시 말해 병원에서 정신과 치료를 받
고 있지 않다면 건강한 것이다. 그렇다고 해서 사람들이 정말로 마
음의 병이 없다거나 정신적 고통을 겪고 있지 않다는 뜻은 아니다.
우리는 아침에 일어나서 저녁에 잠자리에 들 때까지 다양한 정신적
어려움을 경험하고 호소하기도 한다. 다만 우리는 그러한 어려움
과 고통은 살아 있는 인간에게는 숙명처럼 당연한 것이기에 어찌할
방법이 없다고 지나치거나 체념한다. 그리고 고통을 드러내는 것은
자신의 정신적 나약함을 보여주는 것이기에 스스로 이겨내는 수밖
에 없다고 여긴다.

이것은 한편으로 건강한 정신을 가진 자들의 정상적인 태도이
다. 그러나 다른 한편으로 남에게 말할 필요가 없는 자신만의 사

소한 고민처럼 생각하던 마음의 불편함과 장애가 지속되면 그것이 더욱더 내면화되고 점차 더 커지면서 결국에는 견디기 힘든 병적 상태의 고통이 될 수도 있다. 우리는 흔히 "참을 수 있는 고통은 우리를 더 강하게 할 수 있다"고 여기며 그러한 고통을 방치하는 수가 많다. 아래의 사례들은 그러한 문제들을 생각해 볼 수 있게 한다.

김형수(가명)씨는 40대 중반의 남성 직장인이다. 전업주부인 아내와 고등학생인 딸이 있다. 그는 전형적인 중산층의 삶을 살고 있는 평범한 가장이다. 직장사람들은 그를 다른 사람들과 잘 지내는 밝은 성격을 가진 사람으로 여긴다. 그런데 그는 유독 한 후배에게는 적대적이다. 그 후배는 동료들의 성과를 자기 것 인양 포장해 가장 먼저 승진하였다. 심지어 이번에는 선배인 자기마저 앞질러버렸다. 그는 그 후배가 부도덕하다고 여기고 그가 성공하는 것은 정의롭지 않은 일이라 생각하며 그 후배의 일이라면 사사건건 반대하였다. 후배에게 추월당하는 것은 그가 머지않아 직장을 떠나야 한다는 사실도 의미했다. 그는 많은 선배들이 호기롭게 회사를 떠났지만 후배들에게 무엇인가 부탁하는 입장으로 회사에 다시 나타나는 모습을 많이 보았다. 그 역시 그런 전철을 밟아야 할지 모른다는 생각에 불안감은 더 커졌다. 불안을 느낄수록 그 후배에 대한 그의 분노는 더 커져

철학으로 마음의 병 치유하기

간다. 그러나 가족들에게는 힘든 모습을 보이지 않으려고 노력해왔다. 그는 가족에게 약한 모습을 보이는 것이 가장 의 무책임한 행동이라 믿으며 살고 있다.

위의 사례에서 김형수씨는 분노, 불안, 시기, 질투, 단절과 같은 정신적 고통을 겪고 있다. 하지만 그의 일상을 깨뜨릴 정도의 고통은 아니다. 따라서 그는 정신과에서 치료받을 만한 필요성을 느끼지 못한다. 그의 사례는 특이한 경우인가? 그렇지 않다. 그의 사례는 일상적으로 우리 주위에서 만날 수 있는 흔한 모습이다. 바로 그의 사례는 우리 자신이 겪는 정신적 고통이며 심할 경우에 마음의 병을 유발하는 나의 사례일 수도 있다. 그가 겪는 정신적 고통은 대부분 오늘날 의학의 영역에서 "질병으로 분류되지 않는 마음의 병"이다. 물론 병리학적으로 정밀한 진단과 평가가 이루어져야 하겠지만, 사례에서 드러난 상황만 본다면 현대인이 누구나 겪고 있고 겪을 수 있는 어려움이다. 우리는 일상 속에서 경험하는 정신적 고통을 당연하다고 받아들인다. 하지만 이러한 고통 또는 고통의 근본원인인 자기존재에 대한 불안 및 상실감은 그대로 방치해서는 안 된다.

2018년 한국 40대 남자의 인구 10만 명당 사망자 숫자는 629명이고 그중 자살로 인한 사망은 38.5명으로 40대 남자 사망자의 6.1%가 스스로 목숨을 끊었다. 암에 이어 사망원인 2위였다. 같은 연령대의 여성 자살률에 비해 2.6배나 높게 나타났다. 대표적인 정신적 질병으로서 우울증의 유병율은 여성이 남성에 비해 2배 높은데 비해 자살률은 남성이 2.6배나 높다는 점은 현대인이 겪고 있는 정신적 고통이 우울증이라는 질병으로만 설명될 수 없다는 사실을 보여준다. 인간의 정신을 고통스럽게 만드는 요인은 정신의학에서 질병으로 분류한 증상들 외에도 다양하게 존재한다. 잘못된 신념, 타인과의 교류 단절, 상대에 대한 오해, 과잉된 책임감 등의 요소들은 질병의 범주로 분류되지 않지만, 인간의 정신을 고통스럽게 한다. 한국 남성들이 정신병 유병율에 비해 높은 자살률을 보이는 것은 다양한 정신적 고통에 의해 자기존재의 기반이 심각하게 잠식되고 있다는 사실을 보여주는 지표로 해석될 수 있다.

우리는 정신적 장애 및 질병을 생각할 때 영화에서 보는 중증 조현병 환자나 길거리에서 우연히 마주친 알코올 중독자의 모습을 떠올린다. 하지만 인간의 정신적 고통은 이런 형태로만 발생하는 것은 아니다. 영화와 소설 속에 그려진 정신질환자의 모습은 자칫 우리에게 부정적인 선입견을 주입하게 된다. 우리는 어쩌면 '정신질환자다움'이라는 허상에 오염될 수 있다. '정신적 고통을 겪는 사람이라면 당연히 이런 모습일 것이다'라는 기준을 만들고 그에 따라 주위를 살펴보면 아무도 정신적 고통을 겪고 있지 않다. 그리고 그 기준을 적용해 자신을 돌아보면 '문제가 있기는 하지만 치료받을 정도는 아닙니다'라고 답변할 수밖에 없을 것이다. 증상이 명확히 드러나는 정신적 질환들은 뇌신경구조가 장애를 일으켜 특정한 정신능력이 중단되거나 행동장애 및 오류를 범하

철학으로 마음의 병 치유하기

는 경우가 많다. 이 경우는 수술 및 약물치료를 통해 뇌의 작동기
능을 정상화시켜야 한다.

또 하나는 인간의 심리구조가 붕괴된 경우이다. 그래서 일관
성 있는 언어구사도 불가능하며, 자기정신에 대한 통제와 정상적
인 유지가 어렵다. 이러한 문제 역시 심리치료와 행동치료 등을
약물치료와 병행해서 치료할 수 있다. 그런데 심리구조와 뇌신경
구조가 오류를 일으키지 않았음에도 정신적 고통이 발생하는 경
우가 있다, 자신에 대한 신뢰의 부족과 가치관의 혼란, 삶의 무의
미와 실존적 공허로 인한 고통이다. 이것은 마치 컴퓨터가 하드웨
어와 소프트웨어에 아무런 이상이 없더라도 컴퓨터 안에 데이터
자체가 부실하고 문제가 있을 뿐만 아니라 그것을 바로 잡을 외
부와 연결된 인터넷도 없어서 컴퓨터로서의 고유기능을 수행할
수 없는 무기력 상태에 빠져 있는 것과 같다. 이처럼 정신적 질병
의 경우는 단순한 고장 및 수리의 문제가 아니라 자기존재의 가
치를 다시 찾으려는 노력부터 우선적으로 수행될 필요가 있다.

최고은(가명)씨는 40대 중반의 전업주부이다. 30대 초반
까지는 직장생활을 했지만 아이를 가지게 되면서 직장을
그만두고 육아와 가사에 집중하고 있다. 남편은 그런대로
직장에서 인정을 받고 있고, 딸아이는 공부를 잘해 남들이
부러워하는 특목고에 다니고 있다. 겉으로 볼 때 그녀는 걱
정할 것이 없는 안정된 생활을 하고 있다. 하지만 그녀는 딸

의 양육에 자신의 인생을 모두 소비해버린 것 같아 허무해질 때가 많다. 어린 시절에는 자신의 말대로 성장해가는 딸의 모습을 보며 자식이 삶의 보람이라고 생각했지만 사춘기 이후 딸은 자기와 마음을 터놓고 이야기를 하고 있다. 그래도 딸이 혼자서도 공부를 잘한다고 생각했지만 다른 학부모들과 함께 입시설명회를 다녀본 결과 딸의 성적으로는 남편이나 자신이 나온 대학에도 가기 어렵다는 것을 알게 되었다. 아이에게 그 사실을 이야기 해봤지만 오히려 아이와 다투게 되고 사이만 더 멀어졌다. 최근에는 같은 동네에 살았던 절친한 친구가 10년 전 다른 동네에 집을 샀는데 그 동네의 집값이 올라 지금은 자신과는 다른 경제적 수준에 있다는 사실을 알고 무언가 뒤처지는 초조함과 박탈감을 느끼고 있다. 그리고 가족들조차 자신이 가족의 행복을 위해 모든 경력을 포기하고 삶을 던졌는데 그것을 인정해주지 않는 것 같아서 속이 상해 있다. 남편은 자신의 고민을 더 이상 아내에게 털어놓지 않는다. 그녀는 자신이 세상과 고립되어 있다고 느낀다.

최고은씨는 자신의 존재의미를 아내와 엄마의 역할로 규정하며 살아왔다. 그리고 그렇게 사는 삶이 가장 의미있고 행복한 삶이라고 생각했었다. 그래서 10년 전 미련 없이 회사를 떠나 가족에게 집중해온 것이다. 그런데 그런 선택이 행복한 삶을 가져다

줄 것이라는 것을 그녀는 어떻게 알았을까? 혹시 자기존재의 의미에 대해 고민하지 않고 세상의 일반적 통념으로 자기 삶의 방향을 결정한 것은 아닐까? 우리가 오늘 고통을 겪는 것은 실패와 성공의 문제만은 아니다. 내가 살아오며 수많은 시간 동안 믿어왔던 가치가 오늘날 나의 존재의미와 무관한 것임을 알게 될 때 자신을 괴롭히는 고통이 될 수 있다. 좋은 대학을 가면 행복한 삶이 보장될 것이라고 청소년들은 믿고 살아간다. 그리고 대학에 진학하는 순간 취업을 통해서 행복한 삶이 시작될 것이라 믿으며 또 기다린다. 그러나 취업에 성공하는 순간 혼란에 빠진다. 자신이 믿어왔던 행복이 이런 것인가? 그렇지 않다면 도대체 행복은 어디에 있다는 것인가?

행복은 나의 선택과 무관한 통상적인 가치와 그것을 얻고자 하는 성실성의 보상으로 미래에 주어지는 것이 아니다. 행복은 자신의 삶이 원하는 가치와 의미를 발견하고, 그 가치에 맞는 미래의 삶을 기획하여 매순간 자기존재를 선택함 속에서 획득될 수 있는 것이다. 그러한 삶의 과정이 비록 힘들고 어렵다고 할지라도 자기가 선택한 것이라는 점에서 가치가 있으며, 심지어 실패하더라도 그 삶은 나름대로 고유한 의미를 가진다. 행복은 착한 아이에게 어른들이 상으로 주는 사탕상자와 같은 것이 아니라 자신의 선택과 그에 대한 책임을 지며 자기의 본래적 삶을 획득한 사람에게 자기가 자기에게 부여하는 선물과 같은 것으로 주어지는 것이다. 우리는 가끔 모든 것을 다가지고 있어 많은 사람이 부러

위할 만큼 행복한 삶을 사는 것처럼 보이던 유명인이 남들이 이해할 수 없는 심각한 정신적인 고통을 겪었다거나 극단적인 선택을 하는 경우를 보고 놀랄 때가 있다. 이러한 사례들은 타인의 시선과 가치에만 맞추어 열심히 살아가며 자기존재를 망각한 사람들이 행복한 것처럼 보이더라도 오히려 정신적으로 더 큰 고통을 겪을 수 있음을 보여준다.

김혜림(가명)양은 고1 여학생이다. 친구들과 잘 어울리는 활달한 성격에 학교성적도 상위권이다. 하지만 자신의 성적으로 원하는 대학을 갈 수 있을지는 의문이다. 특목고에 다니는 그녀는 중학교 때까지는 최상위 성적을 유지하고 있었다. 당연히 자신은 원하는 대학과 원하는 학과에 쉽게 진학할 줄 알았다. 하지만 고등학교에 올라와서 학교 성적은 상위 30%도 유지하기 힘들었다. 특목고라는 특성상 그 정도 성적이면 좋은 대학을 쉽게 갈 수 있을 줄 알았지만, 선배들의 진학성적을 보면 기대와 달랐다. 학교 내에서도 최상위권만이 원하는 대학에 진학할 수 있었다. 대부분의 친구들은 자신들이 원하는 대학에 갈 수 없을 것이라는 생각에 좌절했다. 하지만 그녀는 친구들에게 대학은 중요하지 않다고 말하고 다녔다. 그러면서도 마음속에서는 자신이 원하는 학교에 가지 못할 것이라는 사실에 고통을 받고 있다. 그녀를 더 괴롭히는 것은 엄마의 태도였다. 딸의 성적으로 원하는 대학 진학이 힘들 것이라는 것을 알면서도 주위 사람들에게는 문제없이 갈 수 있는 성적이라고 말하고 다닌다. 자신을 딸이 아닌 성적표로 보는 것 같아 엄마에게 마음을 터놓고 이야기하지 못한다. 아빠와는 초등학교를 졸업한 뒤로 제대로 이야기를 해본 기억이 없다. 그에게 단 한 가지 소원이 있다면 대학에 입학해 이 집을 나가는 것이다. 하지만 이것도 자신의 성적으로 쉽지 않다는 사실에 좌절한다.

가족이 가장 친밀한 관계이며 신뢰할 수 있는 안식처라는 생각은 추구해야할 목표이지 당위적으로 주어지는 현실이 아니다. 가족이라는 사실적 관계만으로 솔직하게 자신의 속마음을 터놓을 수 있는 강력한 감정적 유대가 형성된다거나 자기의 한계상황을 드러내는 실존적 소통이 이루어진다고는 할 수 없다. 그것은 심지어 전통적인 가족의 이념이 끝없이 재생산한 허구적 이상 중의 하나일 수 있다. 오늘날에는 가족이라는 집단보다는 가족 구성원 각각의 고유한 삶을 인정하는 소통이 더 중요한 문제가 될 수 있다. 함께 여행과 외식을 즐기며 SNS에 행복한 모습을 보여주더라도 가족 구성원 각자의 고유한 삶이 인정되고 상호간의 진정한 유대와 소통이 없다면 겉보기에만 가족일 뿐 잘못될 경우에 '가족은 지옥'일 수 있다. 부모가 자녀가 좋은 대학에 가기를 원하는 것이 자녀의 실존적 가능성을 배려하는 사랑과 염려에서 비롯된 것인지, 아니면 자신의 완벽한 삶을 완성시켜줄 배경으로 여기고 있는지를 냉정하게 생각해 볼 필요가 있다. 또한 심지어 좋은 대학의 입학을 도와준다는 명분으로 자녀의 실존적 가능성을 부모가 빼앗고 있지 않은지를 돌이켜 보아야 한다.

진학이 자녀에 대한 사랑과 염려에서 출발한 것이라면 과도한 기대로 인해 자녀가 가지게 될 부담과 상처에 대한 공감이 우선적으로 필요하지는 않을까? 부모 역시 자기가 원하지 않는 삶을 살 경우에 가질 수 있는 무의미와 공허를 느끼면서도 똑같은 삶을 자녀에게 반복하게 만들려는 이유는 무엇일까? 위의 사례에서 김혜림양은 각자의 존재를 배려하는 실존적 소통이 가족들 간에 실제로 이루어지고 있지 않다고 느낀다. 오히려 가족 간의 대화 단절로 인해 친구와 세상과의 소통을 통해 고립과 소외의 고통을 이겨내려고 했을 수도 있지만 그것도 간단한 것은 아니다. 세상의 통념과 가치관에 따를 경우에도 근본적으로 자신의 존재를 성찰할 기회, 즉 자기조명의 계기를 가지기 어려울 수 있으며 그로 인해 다시금 자신의 부모가 경험했던 고통을 반복하기 쉽다.

위의 사례에서 세 사람이 겪고 있는 고통은 현대 의학의 관점에서 정신적 질병으로 분류할 수 있을까? 언급한 내용만으로는 일상적 삶을 유지하지 못할 정도의 힘든 고통은 아닌 것으로 보이며 의학적으로 진단될 수 있는 질병 상태에 있다고는 볼 수 없을 것이다. 그렇지만 사실상 그들은 "질병으로 분류되지 않는 마음의 병"으로 인해 자기존재의 위기를 겪고 있다. 정신적 고통을 일으키는 마음의 병은 무력감과 열등감, 자기혐오와 우울, 고립 및 소외감, 나아가 아집과 타인을 향한 분노 등과 연관되어 있다. 예를 들어, 아들에 대한 애착으로 인해 며느리에게 공격적인 적대감을 보이는 시어머니의 모습이 드라마에서 자주 나온다. 이러한 시어머니에게 필요한 것은 비난인가 치유인가? 그녀는 자신의 정신적 고통을 외부에 투사하고 있는지도 모른다. 그녀의 문제는 병리학적 접근이 아니라 근본적인 자기 및 타자이해, 가치 및 의미의 문제 등과 연관된 철학적 성찰에서 해명되어야 한다.

철학상담 실천가 루 매리노프(Lou Marinoff, 1951-현재)는 정신적 고통은 정신병의 산물이 아니라 많은 경우에 "개인적인 불행, 집단적 갈등, 지나친 무례, 부끄러워할 줄 모르는 뻔뻔함, 전염성 있는 범죄, 광란의 폭력"에서 오는 것임을 환기시켜주고 있다.*인용문헌 많은 정신적 고통은 사회적이고 정치적인 문제, 문화적 차이의 문제, 도덕적이고 종교적 갈등 등과 연관되어 있다. 이러한 문제들과 연관된 정신적 고통은 어떻게 파악되어야 하는가? 그것은 의학적 접근이 아니라 가치와 이념과 연관된 것으로서 철학적으로 성찰되어야 할 문제이다. 예를 들어, 2차 세계대전 당시 독일에서 벌어졌던 유태인 학살을 생각해보자. 600만 명의 유태인들이 인종과 종교가 다르다는 이유만으로 아우슈비츠로 끌려가 가스실에서 학살당했다. 당시 반유대주의의 광기가 만연하던 시기에 유대인 친구의 어려움을 도와주지 못하고 방관하거나 혹은 소극적으로라도 동조했던 사람이 이후 유대인 친구의 죽음에 대해 깊은 죄의식을 가지고 고통스럽게 살아갈 수 있다. 그 사람이 자신의 행위를 부끄러워하고 후회하며 죄책감을 가지는 것은 "정신적 질환"으로 인한 고통일까? 나아가 유태인의 학살을 자행한 정치지도자들의 광기에 동조했던 당시의 독일 국민들은 집단적 정신병에 걸렸던 것인가? 분명 아니다. 정치지도자가 권력의 야욕을 위해 만들어낸 가치의 왜곡과 이념적 혼란이 결과적으로 많은 사람들에게 정신적 상처를 입힌 것이다.

삶에 대한 불안, 타인과의 갈등과 미움, 자신의 생각만이 옳다는 아집, 타인의 시선을 과도하게 의식하는 삶의 태도 등은 질병은 아니지만 우리의 삶을 파괴하는 고통들을 양산할 수 있다. 이처럼 현대인이 겪고 있는 다양한 마음의 병은 현대의학이 다루는 질병이 아니라 가치관의 혼란과 삶의 의미 결여에서 오는 "철학적 병"[1]이라고 볼 수 있다. 이런 점에서 현대인이 겪고 있는 마음의 병은 많은 부분에 있어서 현대인의 정신적 상황을 고찰하는 철학의 관점에서 해명될 수 있다. 이러한 사실은 바로 철학적 성찰에 기초하여 자기조명을 일깨우는 철학상담의 필요성을 절감하게 한다. 최근 국내외적으로 현대인이 겪고 있는 마음의 병을

---

1   김영진은 철학적 병을 다음의 세 가지로 나눈다. 1. 윤리와 가치관의 차원에서 본 철학적 병, 2. 잘못된 논리로 생기는 철학적 병, 3. 인식론의 차원에서 본 철학적 병. 이를 기준으로 했을 때, 여기에서는 첫 번째 철학적 병에 해당한다. 김영진, 『철학적 병에 대한 진단과 처방: 임상철학』, 철학과 현실사, 2004, 35쪽.

경험과학적인 정신의학과 심리치료에만 내맡길 것이 아니라 자기강화와 자기치유를 목적으로 하는 철학상담에 대한 관심이 높아지고 있다. 이제 철학은 대학의 전공이나 전문가의 소유물이 아니라 현대인이 자기성찰을 통해 마음의 병을 예방하고 치유하는 실천적 영역으로 개방되어야 한다.

2. 정신병의 역사

위에서 우리는 현대인의 정신적 상황과 그와 연관된 정신적 고통이 어떤 것이 있으며 그에 대해 어떤 치료법이 적용되어야 하는지를 먼저 생각해 보았다. 그렇다면 오래전부터 인간은 정신병을 어떻게 규정하고 그에 대해 어떤 방식으로 대처해왔을까? 시대마다 마음의 고통을 유발시키는 정신병은 다르게 이해되었으며 그에 따르는 처방 또한 다양한 모습을 띠고 있다.

2-1. 고대와 중세: 광기, 체질, 『바보배』

고대에서 정신병 또는 광기는 당시의 영혼론과 밀접한 연관을 가지고 있다. 육체와 영혼의 이분성에서 출발하는 고대인에게 정신병은 육체에 의한 영혼의 더럽혀짐, 즉 어리석음을 의미한다. 영혼은 본래 초월적인 능력을 가졌지만 육체의 감옥에 갇혀 감각적이고 욕망적인 것에 의해 지배되면서 병들게 된다. 감정조절 장애, 자기도취, 속물적 광기로 인한 마음의 고통은 육체적 욕망에 휩싸인 영혼의 혼란에서 생긴다. 이러한 현상은 육체를 가진 모든 인간이 가질 수밖에 없는 것이기도 하다. 따라서 마음의 병을 고치기 위해서는 신체적 욕구를 다스릴 수 있는 자기성찰과 금욕을 통한 영혼의 정화 및 강화가 필요하다. 다른 한편 고대인은 긍정적인 의미에서의 신적 광기도 인정하였다. 오늘날 천재들이 가지는 탁월한 능력처럼 고차적인 능력을 통해 초월적인 것을 열망하는 것도 광기로 여겨졌다. 다르게 말해 육체로 발생하는 정신병 또는 광기는 그보다 고차적인 광기, 즉 초월적 정신의 능력으로 극복될 수 있음을 의미한다.

영혼론에 근거한 마음의 병에 대한 이해와 함께 고대인은 간질병이나 우울증과 같은 것을 몸의 체액으로 인한 것으로 보기도 하였다. 우주 전체가 물, 불, 공기, 흙이라는 4원소의 조화로 이루어진 것처럼 일찍이 히포크라테스는 인간의 몸도 4가지 서로 다른 체액, 즉 황담즙, 혈액, 흑담즙, 점액의 균형적 배합에서 신체와 정신의 건강이 결정되는 것으로 보았다. 육체적이고 정신적 질병은 이러한 체액이 과잉되거나 결핍되어 조화가 깨질 때 발생하는 것이다. 우울증이라는 낱말, 멜랑콜리(Melancholie)가 흑담즙을 의미하는 것도 이러한 체액설과 연관된 것이다. 이후 로마의 철학자이자 의사였던 클라디우스 갈렌(Cladius Galen, 130-200)은 이러한 체액설을 기질이론으로 발전시켰다. 그는 개인의 성격유형이 담즙질, 다혈질, 우울질, 점액질로 분류하고 이러한 체계에서 인간의 행동을 관찰하였다. 이런 점에서 고대의 영혼론과 체액설은 근대 이후의 과학적 관점에서는 받아들이기 어려운 형이상학적 전제를 가지고 있지만 현대 심리이론 및 생리학과 해부학의 유래로 해석될 수 있다.

중세에서는 고대의 영혼론이 그대로 전승되고 있지만 종교적 관점에서 해석된다. 이때 우주적 질서는 신의 창조질서로 여겨지며 육체적이고 정신적 고통은 신적 질서에서 벗어나 타락한 인간이 겪을 수밖에 없는 유한함과 죄성을 의미한다. 특히 정신적 고통은 신에게 불순종하고 육체적 정욕 또는 세속적인 것을 욕망하거나 우상을 섬기는 자들에게 신의 저주로 주어지는 것으로 여겨졌다. 따라서 정신적 이상상태는 질병으로 받아들여지기 보다는 '귀신들림'과 같은 초자연적 현상으로 인식되었다. 귀신들린 자들이나 광인들을 고치기 위해 귀신을 쫓아내는 성직자가 필요했던 것도 그러한 이유이다. 그리고 육체적 쾌락으로 인한 정신적 타락을 치유하기 위해서는 금욕과 명상을 통해 신과의 합일을 추구하는 경건한 태도가 요구되었다. 이런 점에서 중세에서는 고대에서와 마찬가지로 모든 인간은 타락한 존재로서 누구나 정신적인 문제를 가질 수밖에 없다고 여겨졌다. 따라서 정신적 이상으로 여겨지는 현상은 오늘날 우리가 생각하는 것보다 훨씬 넓은 범위를 가진다.

중세에서 이해된 정신이상자에 대한 서술과 함께 그들을 어떻게 대하고 있는지를 보여주는 흥미로운 책이 있다. 중세 말기 제바스찬 브란트(Sebastian Brant, 1457-1521)가 지은 『바보배』(das Narrenschiff)가 그것이다.[2] 이 책은 궁성과 도시, 농촌, 교회 등 삶의 현장 곳곳에서 만날 수 있는 온갖 바보들을 주인공으로 등장시켜 그들의 어리석고 우스꽝스러운 행태를 구체적이고 생생하게 묘사하고 있는 풍자적 문학작품이다. 저자 브란트는 세상의 모든 바보들을 모아 배에 태우고 자신도 그 배에 승선하여 바보들의 천국인 '나라고니아'로의 여정을 시작하지만 신이 인간에게 부여한 이성을 올바로 사용하지 않는 바보들의 배는 결국에는 좌초하고 만다. 이처럼 인간의 무지와 어리석은 모습을 냉철하게 폭로하면서 저자는 그러한 모습들을 110여 가지가 넘는 유형, 예를 들어, 탐욕스런 바보, 이간질하는 바보, 바른 조언을 듣지 않는 바보, 예의를 모르는 바보, 성서를 무시하는 바보, 육욕에 빠진 바보, 재물을 숭상하는 바보, 수다쟁이 바보, 행운을 맹신하는 바보, 근심에 짓눌린 바보, 저 혼자 옳다는 바보, 의처증을 가진 바보, 화를 잘 내는 바보, 꾸지람을 못 참는 바보, 허세를 부리는 바보, 노름에 빠진 바보 등으로 기술하고 있다.

이 책은 부정적인 인물상의 풍자 및 교훈적이고 교화적인 내용에 그치지 않는다. 저자는 인간의 어리석음으로 인해 일어날 수 있는 광기의 감추어진 뿌리를 다층적 관점에서 날카롭게 통찰함으로써 천태만상의 바보들이 왜 생겨날 수 있으며, 그들의 행동이

---

2   S. Brant, 『바보배』 (노성두 역), 일다, 2016, 참조.

왜 이상한지를 보여주면서 독자로 하여금 자신을 모습을 비춰보도록 하고 있다. 고대에서 소크라테스가 '너 자신을 알라'라고 말한 것처럼 이 책에서도 정신병에 대한 이해와 그에 대한 치유는 자기조명과 성찰로부터 출발한다는 것을 시사하고 있다. 정신병의 치유는 이처럼 자신이 바보일 수 있다는 자기인식에서 출발한다. 자신의 어리석음을 깨닫는 자만이 마음의 병을 일으키는 근원을 알고 그로부터 자신을 지킬 수 있는 지혜로운 자가 될 수 있기 때문이다. 시대가 변했지만 이 책에 나오는 수많은 바보들 중의 하나가 자신일 수 있음을 깨닫는 것이 오늘날 현대인에게도 여전히 유효하다. 고대와 중세의 맥락에서 인간의 무지와 죄악, 그리고 그것이 만연한 시대적 상황에 대한 비판적 성찰을 담는 이 책은 르네상스 시대의 인문주의와 종교개혁에 영향을 끼쳤으며 오늘날까지 현대인의 정신적 상황을 비춰볼 수 있는 거울과 같은 고전이라고 할 수 있다.

2-2. 근대: 자연과학적 인식의 출발

미셸 푸코(Michel Foucault, 1926-1984)는 그의 책 『광기의 역사』에서 브란트가 책 제목으로 사용한 '바보배'에 주목하였다.[3] 이 제목은 광기와 서서히 거리를 두려는 근대로 넘어가는 과정에서 매우 중요한 의미를 가진다. 근대에서 '바보배'는 모든 인간이 바보로

---

3   M. Foucault, 『광기의 역사』 (김부용 역), 인간사랑, 1999, 참조.

살고 있는 세상을 의미하는 문학적인 의미가 아니라 실제로 광인을 철저하게 분리하고 격리하는 장치로서 등장한다. 푸코는 근대 이후 감옥, 병원, 학교와 같은 기관이 이성과 비이성, 정상과 비정상을 나누어 관리하고 통제하는 장치로 여긴다. 이러한 장치는 힘을 가진 자들이 권력을 공고히 구축하기 위해 자신들의 체계에 적합한 표준적인 인간상을 양산할 뿐만 아니라 그에 맞지 않는 부적응자들을 광인으로 간주하고 격리하여 재교육 또는 감시하는 데 사용된다. 그런 점에서 푸코는 이성을 강조하는 근대의 계몽주의가 오히려 광인을 만들어 내는 폭력이 될 수 있음을 경고하고 있다. 그러나 브란트의 시대에서는 바보들을 그렇게 규정하거나 그렇게 철저하게 배제시키지 않았다. 르네상스 시기까지만 해도 모든 사람에게 광기가 있을 수 있다는 것은 여전히 인정되고 있었다. 인간은 언제든 육체의 유혹에 빠질 수 있는 유한하고 어리석은 존재일 수 있기 때문이다. 바보배에 타고 있던 사람들은 강을 따라 배가 정박하는 도시에 내려 다른 사람들과 어울릴 수 있었다. 그리고 바보들은 사회로부터 격리되기는 했으나 도시 외곽에서의 자유로운 거주가 허용되었다. 그러나 푸코가 간파하고 있듯이 근대로 넘어오면서 '바보배'라는 이름은 비이성적 인간을 이성적 인간과 철저하게 분리시킬 수 있음을 앞서 보여주고 있다.

17세기에 이르러 광인 혹은 비정상으로 분류되는 자들은 사회로부터 엄격하게 격리되거나 감금되어 철저하게 사회로부터 배제되기 시작하였다. 심지어 푸코의 책에는 근대 초기의 정신병원에 탐욕스러운 성직자를 감금했다는 기록이 나온다. 성격적 파탄이나 도덕성의 결여도 정신적 질병으로 분류했던 것이다. 프랑스 왕 루이 15세는 1656년에 나환자와 같은 병자, 범죄자, 노숙인, 광인 등을 위한 두 개의 거대한 "종합병원"을 설립하였다. 오늘날까지 전해지는 남자를 위한 비세트르(Bicêtre) 병원과 여자를 위한 살페트리에르(Salpêtrière) 병원이 그것이다. 이 병원은 치료를 위한 장소가 아니라 오직 보호감금의 기능을 수행하였다. 시간이 갈수록 이 공간은 광인들로 낙인찍힌 자들의 감옥으로 변해갔으며, 사슬에 묶여 채찍질과 고문의 형태로 치료를 받는 정신병자들이 갇혀 있는 무서운 곳이 되었다. 그러나 정신병자들을 사회로부터 격리시키는 것이 최선이라고 여기고 실행되었던 조치들은 근대 의학과 만나면서 다른 양상을 보이기 시작하였다.

19세기에 이르면서 자연과학에 기초한 의학이 급격히 발전되었다. 특히 생리학과 해부학의 발전은 인간의 질병을 어찌할 수 없는 초자연적인 힘이 아니라 과학으로 충분히 규명될 수 있고 극복이 가능한 신체적 불균형의 상태로 인식하는 계기를 부여하였다. 이러한 자연과학적 접근은 일차적으로 인간의 육체적 질병과 직결된 것이지만 정신적인 문제 또한 점차 이전과 다른 방식으로 이해하는데 영향을 주었다. 1861년 프랑스 의사인 폴 브로카(Paul Pierre Broca, 1824-1880)는 실어증에 걸린 환자들의 부검과정에서 뇌의 측두엽에 있는 특정 영역이 손상되어 있음을 발견하고 실어증의 원인이 뇌의 문제임을 밝혀냈다. 뒤를 이어 독일의 의학자 칼 베르니케(Carl Wernike, 1848-1905)는 1874년에 발표된 자신의 저서에서 실어증의 증상에 따라 뇌의 이상 부위가 다르다는 점을 지적하고, 특정 부위에 자극을 줌으로써 실어증을 치료할 수 있다고 주장했다. 브로카와 베르니케의 연구는 당시까지 미지의 영역이었던 뇌 과학을 발전시켰고, 인간의 정신구조를 뇌를 통해 이해하는 기초를 마련하였다.

이러한 연구에 고무된 의학계는 모든 정신질환이 뇌신경계의 이상에서 비롯된다는 '신경해부학적 가설'을 신봉하게 되었다. 심지어 뇌신경해부학의 신봉자임을 자처한 법의학자 체사레 롬브로소(Cesare Lombroso, 1835-1909)는 뇌의 유전적 형태가 범죄자를 만든다는 이론에 따라 골상학을 유포했고, 훗날 우생학이나 인종 우월론의 단초를 제공하기도 하였다. 이러한 연구는 인간의 행위를 뇌의 활동에 따라 결정론적으로 해석하는 극단적 주장이지만 반사회적 행동에 대한 신경학적 접근을 시도했다는 점에서 그 의의를 인정받고 있다.

이처럼 근대 이후 자연과학의 발달은 인간의 육체적이고 정신적인 질병을 치유하는 의학적 분야에 큰 영향을 끼쳤다. 인간의 육체가 자연과학의 물리적이고 화학적 법칙에 의해 지배된다는 점에서 해부학 및 생리학은 의학에 신체적 질병의 사례들을 일반화하여 질병의 원인을 설명하고 그에 맞는 치료의 방법을 발전시킬 수 있는 출발점을 제공하였다. 정신의학도 신체적 고통과는 다르지만 정신적 고통 또한 그러한 방법을 통해 정신병의 원인과 그에 따른 치료방식을 찾는 시도를 하게되었다. 앞에서 본 것처럼 정신의학에 자연과학적 방법론이 도입된 것은 브로카와 베르니케의 뇌 과학 및 신경해부학의 영역에서 시작되었다. 뇌의 특정 영역과 언어능력이 연관되어 있다는 경험적 사실의 발견은 고대로부터 언어적 능력을 인간의 정신, 즉 '영혼'이라는 형이상학적 개념을 통해 설명하는 것과는 완전히 다른 차원의 것이다. 심지어 베르니케는 언어적 능력이라는 특정한 뇌의 기능을 인간의 정신 전체로 확대할 수 있다고 보았다. 그는 인간의 가치관 및 도덕관, 정신적 능력, 성격 등도 뇌신경과 연관된 현상으로 볼 수 있다고 믿었으며, 정신적 이상 현상은 뇌의 조작 및 관련된 치료를 통해 정상화시킬 수 있다고 여겼다.

2-3. 현대: 자연과학적 인식의 강화

2-3-1. 전두엽 절제수술

정신병에 대한 근대의 자연과학적 인식은 현대에서 더욱더 강화되었다. 그러한 대표적인 사례가 포르투갈의 신경외과 의사 에가스 모니츠(Egas Moniz, 1874-1955)가 실행한 전두엽 절제수술이다. 그는 1935년에 침팬지의 전두엽이 파괴되면 공격성이 줄어든다는 사실을 알고 20명의 인간 환자들에게도 그것을 적용하였다. 외과 수술을 통해 환자들의 전두엽을 잘라낸 것이다. 모니츠는 1936년에 전두엽이 절제되어 행동이 둔해진 덕분에 폭력을 행사하지 못하게 된 환자들을 성공적인 사례로 발표하여 학계의 찬사를 받았고 이후 1949년에 노벨상을 수상하였다.

이후 전 세계에서 5만 명 이상의 환자들이 폭력성을 억제한다는 명분으로 뇌 절제수술을 받았으며, 심지어 한창때는 알코올 중독이나 동성애자들까지 전두엽 이상으로 판단되어 뇌 절제수술을 받기도 했다. 누구든 주위 사람들에게 정신병자로 지목당하면 병원에 끌려가 이마의 전두엽이 제거하는 수술을 받을 정도로 유행이 되기도 했다. 언론에서는 치아를 뽑는 것보다 위험하지 않다는 근거 없는 기사를 쏟아내며, 정신적 고통이 있는 사람들은 맹장을 잘라내듯이 전두엽을 잘라내야 한다는 신화를 만들어내기도 했다.

그러나 모니츠의 수술을 받은 환자는 공격적 감정을 줄어든 것처럼 보였지만 수술 후에 환자는 다양한 감정을 표현할 수 없고 모든 일에 무관심한 좀비 같은 인간으로 변했다. 수많은 환자들이 치료라는 명분으로 정상적인 뇌기능을 상실하고, 심지어 죽거나 의식을 잃은 기형적 인간으로 변해간 것이다. 20세기 전반기에 광기에 가까운 이러한 정신치료의 광풍은 지금도 정신병원을 음침한 공포영화의 소재로 사용될 정도로 무서운 곳으로 만들었다. 해괴한 뇌 절제술은 잦은 실패와 심각한 부작용을 불러일으키는 것으로 판명되면서 의학계에서 사라지게 되었으며, 모니츠에게 수여된 노벨상은 인간을 파멸에 이르게 만드는 공로를 치하하는 오점을 남겼다.

철학으로 마음의 병 치유하기

이처럼 뇌 절제술을 통해 정신질환의 치료를 시도한 모니츠의 사례는 자연과학적 정신의학의 한계를 단적으로 보여준다. 뇌 과학 및 신경해부학을 통해 정신적 기능의 주요부분을 발견하였다고 하더라도 정신적 기능은 물리적으로 일대일 대응되는 뇌의 한 부분으로 환원될 수 없을 만큼 복합적일 뿐만 아니라 물리적 현상의 설명만으로는 불가능하기 때문이다. 그만큼 인간의 정신은 기계론적으로 또는 결과론적으로 규정할 수 없는 인간 존재 전체를 반영하고 있다.

2-3-2. 행동주의 심리학

자연과학적 정신의학은 심리학적 연구에도 영향을 미쳤다. 경험적 심리학은 주어진 원인에 따라 동일한 결과를 나타내는 인간의 반복적 행동을 계량적으로 파악하여 마음의 상태를 설명하는 행동주의적 심리학으로 귀결된다. 1961년 예일 대학교 심리학 교수 스탠리 밀그램(Stanley Milgram, 1933-1984)이 수행한 다음의 실험은 그러한 사례를 잘 보여준다. 밀그램은 '전기충격이 학습에 미치는 영향'에 관한 연구실험이라는 주제 아래 40명의 실험 진행요원을 모집하였다. 실험 진행요원들은 학습자가 암기한 내용을 제대로 전달하지 않을 경우에 전기 충격기의 버튼을 눌러 학습자에게 징벌을 가하는 역할을 맡았다. 실험 진행요원에게는 전기충격이 15V에서 시작해서 점점 강도를 높여 사람의 생명을 위험할 수도 있는 450V에 이르게 설정되어 있다는 사실이 전달되었다.

그러나 실험 진행요원들에게 전달된 이러한 설정은 모두 사실이 아니었다. 본래 실험에 참여한 학습자들은 배우이고, 실험내용은 '전기충격이 학습에 미치는 영향'이 아니라 '권위에 대한 복종'을 실험하는 것이었다. 다시 말해 실험의 대상은 학습자가 아니라 실험 진행요원이었다. 그리고 실험내용은 실험 진행요원으로 모집된 평범한 사람들이 실험 책임자가 명령을 내릴 경우에 전기충격이라는 폭력적 행위에 어떻게 참여하는지를 관찰하는 것이었다. 먼저 실험 책임자는 흰색 가운을 입고 모든 책임은 자신이 지겠다며 지원자들에게 점점 높은 전압의 충격을 가할 것을 명령하였다. 학습자로서 다른 방에 있던 배우는 실제로 전기충격을 받은 것처럼 고함을 지르거나 벽을 두드리며 고통스러워하는 연기를 하였다. 이 실험의 결과로서 밀그램은 자신이 누르는 버튼에 따라 상대방이 고통을 받는다는 사실을 알면서도 65%의 피실험자들이 450V까지 전압을 높이라는 명령에 따랐음을 보여주었다.

위 실험의 결과는 당시 매우 충격적인 것이었다. 평범한 사람들이 권위적인 명령체계의 일부에 속할 경우에 윤리적인 입장과는 무관하게 타인에게 얼마나 폭력적인 행동을 할 수 있는지를 보여주었기 때문이었다. 이 실험을 통해 밀그램 교수는 2차 세계대전 당시 나치의 유태인 학살에 참여한 독일군 장교들이 잔혹한 행위에 죄의식 없이 동참하게 된 이유를 설명할 수 있는 근거를 제공하였다. 실험이 진행된 해인 1961년은 2차 세계대전이 끝난 후 아르헨티나로 탈출해 신분을 숨기고 살아가다 체포된 유태인

철학으로 마음의 병 치유하기

학살의 책임자 아이히만의 재판이 예루살렘에서 열린 해였다. 법정에 선 아이히만은 수십만 명을 죽음으로 몰고 간 학살자의 모습이 아니라 너무나 평범하고 성실한 공무원의 모습이었다. 그는 재판과정에서 자신이 주어진 명령을 최선을 다해 수행한 죄밖에 없다고 변명하였다. 아이히만의 변명처럼 밀그램의 실험은 권위에 복종해 악행을 저지른 독일인들의 모습이 특수한 것이 아니라 인간이 가진 보편적 속성이라는 점을 증명해주는 것이라고 할 수 있다.

그러나 이 실험의 결과에 대한 해석에는 중요한 문제점이 있다. 밀그램은 65%의 피실험자들이 권위에 복종해 폭력을 행사했다는 결론을 부각시켰지만, 이 실험은 한 가지 상황에서만 진행된 것이 아니다. 24가지의 상황을 설정해 실험을 진행하였고 그 중의 한 상황에서 복종의 비율이 가장 높은 65%라는 결과가 나온 것이었다. 이 실험에서 피실험자들은 한 명씩 실험에 참여했다. 다시 말해 실험 관찰자를 제외하고는 누구와도 의견을 교환할 수 없었고 고립된 개인이 권위와 대면하는 상황이었던 것이다. 다른 동료의 역할을 하는 연기자가 투입되어 실험 중간에 명령을 거부하는 상황을 설정했을 때에는 끝까지 명령에 복종한 피실험자의 비율이 10%로 떨어졌다. 이것은 실험실에 진행된 실험을 통해 권위에 쉽게 복종하는 인간의 경향을 보여주고는 있으나 부분적인 측면을 확대할 수 있으며, 따라서 인간의 현실적인 모습을 오차 없이 재현해냈다고 보기는 어렵다는 것을 의미한다.

밀그램의 실험은 인간의 행동이 권위라는 외부적 조건에 인과적으로 반응하는 존재라는 점을 부각시킨다. 이것은 인간 또한 주어진 환경 및 반복적인 자극에 따라 행동이 결정되는 유기체로서 기계적인 패턴의 양적인 측량을 통해 마음의 상태를 규정할 수 있다는 결정론적 입장을 나타낸다. 그러나 65%의 피실험자들이 마지막까지 권위에 복종했을 때에도 35%의 피실험자들은 명령을 거부했다는 사실에 주목해야 한다. 실험실에서는 두 집단은 서로 접촉할 수 없었다. 동료와 함께 실험에 참여하는 것처럼 설정된 상황에서도 피실험자의 동료는 역할을 수행하는 배우였을 뿐이다. 하지만 현실에서는 명령에 복종하는 65%의 사람들은 명령을 거부한 35%와 어울려 살아간다. 그리고 그들은 서로 의견을 교환하고 협력하며 각자의 생각을 변화시켜 나간다.

인간은 본래 서로 소통하는 존재이다. 주위 동료가 거부의사를 밝혔을 때 권위에 복종하는 비율은 10%로 떨어졌다. 만약 거부자들이 서로 의견을 교류할 경우에 그 영향력은 더욱 강해질 수 있다. 이러한 변화는 인간이 환경에 의한 영향을 받지만 결정론적으로 규정될 수 없는 자유로운 주체이며, 나아가 타인과의 소통을 통해 인간은 자기존재를 선택하고 결단하는 존재임을 강조하는 실존철학적 계기를 보여준다. 그리고 피실험자들이 복종하고 있는 권위의 실체가 불분명하다. 권위에 복종한 것으로 분류된 피실험자들도 모두 복종의 이유가 다를 수 있다. 어떤 이는 실험의 의도처럼 흰 가운을 입은 전문가의 권위에 복종한 것일 수

철학으로 마음의 병 치유하기

도 있고, 다른 이들은 학술적 연구에서 비인간적인 시험을 시행할
리가 없다는 믿음을 가지고 대학의 학술적 권위에 복종했을 수도
있다. 혹은 권위에 대한 복종이 아니라 실험에 참가함으로써 얻게
될 경제적 보상 때문에 복종했을 수도 있다. 당시 실험에 참가한
사람들에게는 4달러의 보상이 약속되어 있었다.

　그렇다면 실제로 역사에서 유태인 학살에 참여했던 독일 군
인들은 왜 국가적 폭력에 참여했을까? 아이히만은 자신이 몸담고
있는 공적 조직의 권위를 의심하지 않고 수용했던 것으로 보인다.
밀그램은 시험을 설계하기 전에 이미 아이히만의 증언을 보았기
때문에 실험의 결론을 특정한 방향으로 끌고 가려 했다는 의혹을
받기도 했다. 중요한 것은 하나의 이론으로 설명하기에는 인간의
정신은 개인에 따라 유일회적인 것으로서 다양하며 개방적이라
는 사실이다. 어떤 군인들은 자신이 속한 조직의 권위에 수동적으
로 굴복했을 것이다. 또 어떤 이들은 군인으로서의 경제적 보상과
사회적 지위의 유지가 그들의 행동을 이끌었을 수 있다. 혹은 나
치의 이념적 방향에 진정으로 동의하고 공감했을 가능성도 있다.
그러나 주의해야 할 것은 이 모든 원인들이 복합적으로 작용했을
것이라는 점이다. 정말 모든 독일 군인들이 부도덕한 권위에 수동
적으로 복종하는 존재였을까? 그런 수동적 구성원들만으로 독일
이 2차 세계대전을 감행했던 것이었을까? 만약 독일 군인들을 움
직였던 힘이 권위에 복종하는 태도가 아니라 나치의 철학에 적극
적으로 동의하는 이데올로기의 힘이었다면 그 문제는 심리학적

오류의 문제가 아니라 가치 및 이념의 문제로 인한 것일 수 있다. 반대로 그들 중의 많은 사람은 집단적으로 잘못된 정치 이념과 가치관으로 인해 정신적 혼란과 고통을 겪고 있었던 것일지도 모른다.

아이히만의 재판을 지켜본 유태인 철학자 한나 아렌트(Hannah Arendt, 1906-1975)는 자신의 저서 『예루살렘의 아이히만』에서 "악의 평범성"이라는 독특한 개념을 제시하였다.[4] 재판에서 아이히만은 자신이 가정과 국가에서 자신의 의무를 다한 성실한 사람이며 상관의 의무를 충직하게 수행한 군인이라는 사실을 피력하였다. 이러한 아이히만의 진술에서 아렌트는 악은 우리가 생각하는 흉악하고 괴팍한 인물이 저지르는 것이 아니라 일반인도 행할 수 있는 평범한 것일 수 있음을 확인한다. 다시 말해 위의 실험에서 본 것처럼 주어진 조직체계에서 폭력적 명령을 따르는 평범한 사람처럼 가공할 만한 악도 그렇게 일어날 수 있다는 것이다. 그러나 아렌트가 이를 통해 결정적으로 강조하고자 한 것은 그러한 악의 평범성이 "무사유", 즉 사유하지 않음으로 인해 발생될 수 있음을 보여주고 있다는 사실이다.

아렌트는 아이히만이 재판에서 관청용어, 즉 군인의 언어를 주로 사용하고 있음을 간파하고 상명하복이라는 군인의 소통방식에 익숙해 있다는 것을 발견한다. 이것은 그 자신이 사유하는

---

4   H. Arendt, 『예루살렘의 아이히만』 (김선욱 역), 한길사, 2006.

것에 익숙하지 않은 것을 넘어 스스로 사유하는 것이 조직체계에 방해가 된다는 이유로 자신의 사유능력을 억압해 왔음을 의미한다. 아이히만의 무사유는 이처럼 스스로 사유하지 못하는 무능력에 그치는 것이 아니라 타인의 자유로운 사유조차 인정할 수 없고 타인의 처지와 아픔이 어떤 것인지에 대해서도 공감할 수 없는 무능력을 포함한다. 그러나 아이히만의 무사유는 본래 인간이 주어진 환경에 구속된다는 변명으로만 돌릴 수 없는 것이다. 위의 밀그램의 실험에서 확인한 것처럼 본래 인간은 주어진 조직과 환경에 익숙해지고 그것에 상응하는 행동을 하려고 노력하지만 스스로 사유하고 타인과의 소통 속에서 자기선택과 결단을 할 수 있는 자유로운 존재이기 때문이다. 이렇게 볼 때 인과적이며 기계적인 방법으로 자연현상을 파악하려는 자연과학처럼 인간의 심리적 현상을 설명하려는 행동주의 심리학은 인간을 인간답게 하는 개별적인 자유로움을 간과하는 오류를 범할 수 있다.

이러한 점에 대해 철학상담 실천가 루 매리노프의 비판은 깊이 생각해볼 만한 시사점을 주고 있다. 그는 인간의 행동을 객관적으로 관찰하고 통계적으로 평가하는 행동주의 심리학이 인간의 마음을 결정론적으로 해석할 수 있음을 비판한다. "심리학자들은 만약 당신이 길을 건너는 힘없는 노인을 도와줄 때마다 당신에게 불쾌한 전기충격을 가하면 당신은 곧 그런 착한 행위를 그만둘 것이라고 생각한다. 심지어 당신이 힘없는 노인을 횡단보도 위에서 세게 밀쳐버리게 할 수도 있다는 것이다. 그들은 인간의 풍성한 내면적 정신 따위는 거들떠보지도 않는다." 이러한 거친 표현은 행동주의 심리학에 대한 과장된 비판처럼 들릴 수 있다. 그러나 현실에서 이런 일이 발생한다면 어떤 결과가 일어날까?

길을 건너는 노인을 도울 때마다 누군가 전기충격을 가하거나 길을 가는 노인을 옆으로 밀지 않으면 자신의 몸에 설치된 전기 충격기가 작동한다고 상상해보자. 사람들은 어떻게 행동할까? 물론 노인을 도울 때마다 행동을 주저하게 될 것이다. 그리고 전기충격을 피하기 위해 노인을 돕지 않거나 밀치는 행동을 저지르기도 할 것이다. 그런데 행동주의 심리학이 인간을 그러한 상황과 조건에 매여 있는 존재라고 생각한다면, 그것은 파블로프의 조건반사 실험에서 나오는 침 흘리는 개와 인간의 차이를 무시하고 있는 것이다.

밀그램의 실험에서 본 것처럼 피실험자는 당장에는 고통을 피하기 위해 실험자의 의도대로 행동할지 모르지만 그는 곧 자신의 몸에 전기충격을 가한 사람들에게 분노의 화살을 돌릴 수도 있다. 고립된 개인이라면 저항에 나설 때까지 시간이 걸리고, 저항하는 사람의 비율이 낮을 수 있지만 서로 간에 의사소통이 개방된 사회라면 실험자에게 향한 분노는 급격히 확대될 수 있다. 자신의 행동에 대한 결과로 누군가 피해를 입었을지 모른다는 죄책과 이러한 상황을 회피할 수 없다는 불안은 상황을 변화시키려는 의지로 표출되며 그러한 상황을 만든 자에 대한 분노로 발전될 것이다.

그러나 인간의 저항을 무력화시키는 방법이 있다. 그것은 바로 사람들이 납득하고 받아들일 수 있는 합리적 이유를 제시해주는 것이다. 그것이 사실이든 거짓말이든 인간의 정신이 용납할 수 있는 근거가 제시된다면 규칙을 받아들일 것이다. 이때 사람들이 규칙을 받아들이는 것은 권위에 복종하는 무의지적 행위가 아니라 자신의 의지에 따라 선택한 행동양식이다. 즉, 권위 및 권력과 다른 방식으로 사람들의 행동을 지배하는 것은 스스로 납득할 수 있는 가치체계다. 히틀러 정권의 광기는 진실여부를 떠나서 독일 민족의 위대성과 유태인들의 음모론 등 수 많은 이데올로기가 독일인들에게 받아들여졌기에 가능한 일이었을 것이다. 인간이 권위에 쉽게 복종하는 존재들이라면 인류 역사에서 나타나는 수 많은 혁명과 저항을 어떻게 설명할 수 있을까? 인간이 권위에 복종하는 것이 아니라 자신이 받아들이는 가치에 복종하는 것이 아닐까?

2-4. 정신분석학

자연과학적 의학에 의해 정신병의 원인을 찾고 뇌신경을 외과적으로 수술함으로써 정신적 질병을 치유할 수 있을 것이라는 신경해부학적 방법과는 달리 인간의 무의식에서 정신적 문제를 규명하고 그에 따른 치료법을 제시하려는 시도가 있었다. 오스트리아 빈을 근거로 활동하던 정신의학자들은 자기의식이 뚜렷하지 않은 유아기에 형성된 잠재적 무의식이 성인이 된 이후에 성격과 행동에 결정적 영향을 미친다는 이론을 제시하고 이에 따라 무의식에 접근하여 문제를 해결하려는 최면요법 및 정신분석학이 등장하였다. 잘 알려진 것처럼 이러한 정신분석학을 처음으로 창안한 학자는 지그문트 프로이트(Sigmund Freud, 1856-1939)이다.

프로이트가 『정신분석학 입문』을 발표할 당시에만 해도 사람들은 정신분석학에서 말하는 무의식의 영역과 그로부터 정신적 문제에 대한 설명하는 것에 대해 의문을 제기하였다.[5] 근대 이후 사람들은 인간의 행동을 철저하게 이성, 즉 깨어있는 의식을 통해 수행되는 것으로 여기고, 광기와 같은 비이성적인 행동을 이성을 올바로 사용하지 않은 결과로 보았기 때문이다. 그러나 합리적으로 사고하는 사람도 은연중에 자신도 모르는 실수 및 오류 등의 비정상적 행동을 하게 되는 경우를 우리는 흔히 볼 수 있다. 그렇다면 이러한 현상을 어떻게 설명할 수 있는가? 이에 대해 프로이트는 무의식이라는 의식의 심연을 상정하고 비정상적 현상을 설명하려고 시도하였다. 『정신분석학 입문』의 앞부분에는 그와 연관된 흥미로운 사례가 제시되고 있다. 회의를 진행하는 의장이 회의를 시작하면서 의사봉을 두드리며 회의를 끝내겠다고 말하는 장면이 나온다. 의장의 행위는 합리적으로 설명하기 어렵지만 그의 실수를 설명하기 위해서는 회의를 빨리 끝내고 싶어 하는 무의식적 차원이 그 근거로 제시될 수 있다는 것이다. 이처럼 프로이트는 깨어 있는 의식으로는 설명할 수 없는 다양한 정신병리적

---

5   S. Freud, 『정신분석학 입문』(서석연 역), 범우, 2017, 참조.

현상을 유아기의 성장과정에서부터 침전된 무의식과 연관시켜 그로부터 나타나는 꿈, 상징, 언어, 이상행동에 대한 분석을 통해 해석하였다.

프로이트에게 이러한 분석이 필요한 것은 인간의 정신이 의식과 무의식의 영역으로 구별되어 있기 때문이다. 무의식은 우리가 평소에 인식할 수 없지만 인간의 의식을 지배하는 잠재적이며 충동적인 힘의 원천으로 작동한다. 그러나 이러한 무의식에 놓여있는 욕망을 그대로 노출시킨다면 심각한 사회적 문제를 발생시킬 것이다. 이를 위해 의식은 무의식을 있는 그대로 드러내지 않도록 검열하고 제약할 수밖에 없다. 따라서 의식은 무의식을 사회적 체계에 맞게 걸러낸 거대한 무의식의 빙산 일부에 불과한 것이다. 프로이트에 따르면 무의식은 유아기, 특히 6세 이전에 성적 문제와 연관하여 형성되는 것으로서 인간의 행동, 충동, 성격 등 인격 형성에 결정적 원인으로 작용한다.

이러한 무의식 개념은 종전에는 없었던 것으로서 인간이 자신의 심리적 선택을 이성적으로 완전히 자유롭게 통제할 수 있다는 믿음을 깨뜨려 주었다. 나의 취향이나 나의 선택이 완전히 자유로운 나의 의지의 결과물이 아니라는 사실은 사람들을 충격에 빠트리기 충분했다. 우리가 자신도 모르게 하고 있는 실수 및 오류와 비정상적 행동을 이론적으로 설명하기 힘든 상황에서 무의식이라는 심층적 차원을 통해 정신병리적 현상을 설명하는 정신분석학 이론은 새로운 지평을 열었다.

또한 정신분석학은 인간의 정신적 고통이 뇌 신경계의 문제에서 비롯된다는 자연과학적 의학과는 차이점을 가진다. 정신분석학에서 정신병은 뇌의 문제보다는 무의식의 층에 있는 본능의 억압으로 드러나는 현상이며 이에 대한 치료적 접근은 인간의 뇌를 절제하는 끔찍한 수술이 아니라 최면이나 대화를 통해 환자의 무의식에 접근하여 본능의 억압으로 막히거나 뒤얽긴 마음의 굴뚝을 청소 또는 정리하는 작업이었다. 이 과정에서 환자 자신도 모르는 내면적 심리를 분석하고 해석하여 환자 스스로 자신의 정신병을 발생시킨 무의식적 계기를 의식하도록 하는 것이 치료를 위해 결정적으로 중요하다.

이처럼 자연과학적 의학의 수술과는 전혀 다른 치료의 가능성을 제시했다는 점에서 정신분석학은 신선한 시도로 여겨졌다. 오늘날도 사람들은 정신병을 상담하는 장면은 긴 소파에 반쯤 누운 채로 기대앉은 환자가 눈을 감고 의사에게 자신의 내면을 터놓는 모습을 떠올린다. 이만큼 프로이트 이후 정신분석학의 상담은 정신치료의 전형처럼 각인될 정도로 큰 영향을 미쳤다. 그러나 꿈이나 무의식의 내용은 검증을 거칠 수 없다는 한계를 가진다. 일찍이 무의식이라는 개인의 특정한 경험을 성적 억압이라는 공통적 요소에서 결과를 도출하려는 태도는 학자들의 비판을 받았다. 그렇지만 프로이트는 자신의 정신분석학이 충동의 억압과 분출을 통해 평형을 유지하려는 정신적 상태를 경제적 원칙으로 설명한다는 점에서 과학적 이론으로 평가받기를 원했다.

철학으로 마음의 병 치유하기

그러나 프로이트의 정신분석학은 정신병에 대한 새로운 시각을 정신의학계에 제공하였지만 신선한 충격만큼이나 허점이 없는 것은 아니었다. 이전의 정신의학과는 다르지만 프로이트를 중심으로 발전해온 정신분석학의 입장 역시 인간의 정신을 특정한 원인에 의해 결과를 설명한다는 점에서 자연과학적 입장을 고수하고 있기 때문이다. 정신적 활동의 원천을 뇌신경이라는 해부학적 체계가 아니라 무의식이라는 의식의 체계에서 찾고 있다는 점이 다를 뿐이다. 인간의 정신활동을 무의식이라는 과거적 기재에 의해 지배되는 것으로 보는 정신분석학은 여전히 인간의 정신을 결정론적으로 단순화시킨 시각이라는 비판을 받게 된다. 인간은 과거적 외상 및 환경에 귀속되는 존재이기도 하지만 미래의 가능성을 희망하는 존재이기도 하기 때문이다. 인간은 자신의 미래를 기획하면서 과거에 의미를 부여하며 현재를 해석하는 시간적 존재이다. 유아기의 특정한 경험이 잠재된 무의식에 의해 성격이 형성되었다고 할지라도 그것에만 매여 있지 않고 과거와 현재의 조건을 초월하여 자유롭게 미래를 선택하고 결단하는 의지와 초월적 능력이 인간의 정신을 이해하는데 중요한 요소이다.

그리고 인간의 복잡한 정신활동을 성욕에 집중하여 설명하려 했다는 점에서도 문제가 제기될 수 있다. 성욕 또한 인간이 자신의 존재를 결정하고 선택하는 넓은 의미를 가진 존재의 욕구에 속하는 것이기 때문이다. 물론 인간의 성욕이 잠재적 욕구의 핵심을 이루고 인간행위의 중요한 요소라는 점은 부인할 수 없다. 그러나 모든 원인을 하나의 요인에 국한시키거나 단순화하려는 환원주의적 시각은 인간의 존재 전체의 관점에서 볼 때 명백한 한계로 지적된다. 나아가 의식과 무의식이라는 심급의 이분적 구별 자체가 이론적 의미를 가질 수 있지만 인간의 정신은 그렇게 인위적으로 구별하기 어렵다. 의식과 무의식은 그것을 총합한 정신의 유기적 활동에서 이해되어야 하며, 나아가 외적 상황이나 두려움으로 의식이 무의식화 되는 것은 외적 자극에 대한 수동적 태도가 아니라 자신의 존재를 보존하고 유지하려는 더 능동적인 고차적 능력이기 때문이다.

그러나 프로이트의 정신분석학은 20세기 전반에 인간의 정신을 치유하고자 하는 시도에 가장 큰 영향력을 가진 흐름으로 자리를 잡았으며 오늘날까지 비판적으로 수용되어 다양한 형태로 발전되고 있다. 칼 융, 아들러, 라캉 등과 같은 대표적인 정신분석학자들은 프로이트의 정신분석학을 새롭게 전유하여 개인 및 집단의 정신병적 현상에 대한 해석을 제시하였다. 또한 프로이트의 정신분석학 이론은 사회, 문화, 예술, 철학 등 여러 영역에서도 변화된 시대에서 정신에 대한 심층적 해석을 위한 중요한 도구로서 활용되고 있다.

3. 정신병에 대한 자연과학적 인식의 비판과 반성

위에서 본 것처럼 기존의 정신의학과 심리학 및 정신분석학은 자연과학의 이론과 방법을 철저하게 적용하고 있다. 그 이유는 당연히 근대 이후 자연과학이 이룬 눈부신 성과에 기인한다. 자연과학은 자연현상에 대해 어떤 선입견도 없이 경험적 관찰에 의한 객관적인 지식을 제공하기 때문이다. 과학적 지식은 언제 누구에게나 동일한 상황에서 동일한 결과를 인과적이고 기계적으로 설명할 수 있는 법칙을 포함하고 있다. 이 법칙은 모든 개별적인 사례에 포괄적으로 적용할 수 있는 일반화를 의미한다. 근대 정신의학도 자연과학을 적용하여 정신적 현상을 일반화된 법칙을 통해 인과적이고 기계적인 설명을 시도하기를 원했다. 이를 위해서는 정신의 영역을 물리적이고 화학적인 현상으로 환원할 필요가 있었으며, 심리학 및 정신분석학도 반복된 행동 및 과거적 기제를 통해 심리법칙을 설명하려는 시도를 하게 된 것이다.

이렇게 본다면 자연주의적 입장을 수용한 심리학자 및 정신분석학자에게 정신병은 일종의 기계적 장치로 여겨지는 뇌의 손상 및 장애이거나 환경적으로 결정된 이상행동 또는 무의식의 억압과 분출이라는 에너지 법칙의 왜곡 및 불균형으로 규정된다. 따라서 정신병의 치료법 또한 장애 및 이상을 일으키는 특정한 부위의 수술 또는 약물의 자극이나 심리적 환경의 변경 또는 억압된 무의식의 환기를 통해 치료적 효과를 이끌어낼 수 있다고 여겨진다. 예를 들어, A라는 사람과 B라는 사람에게 어떤 정신적 이상 현상이 일어나면 그 현상의 원인은 개별적으로 다를 수 있지만 자연과학에 익숙해 있는 의사는 그 현상을 객관적 자료와 인과적 틀에서 보려고 한다. 그 때문에 의사는 결과로 드러난 정신적 이상 현상을 인과적으로 설명할 수 있는 물리적 원인 또는 환경적 조건과 과거의 경험에서 원인을 찾고 그 문제의 원인을 제거 또는 개선할 수 있는 방책을 간구한다. 이렇게 정립된 이론과 방법은 당시 의사 집단에서 수용되지만 보다 명확한 과학적 반론이 등장하면 혁명적으로 변화될 수 있다.

먼저 과학적 이론의 변화 가능성을 생각한다면 당대 의사 집단이 받아들이고 있는 이론과 방법에는 개연성이 있음을 인정해야 한다. 이것은 자연현상과 마찬가지로 정신현상에 대한 이론이 절대적일 수 없다는 것을 의미한다. 절대공간과 절대시간에 대한 뉴턴의 물리학이 아인슈타인의 상대성이론에 의해 반박되는 순간 그동안 이해되었던 우주 전체에 대한 시각이 바뀔 수 있다. 나아가 현대물리학에서 소립자의 세계에서는 기존의 이론으로 설명할 수 없는 양자역학의 불확정성의 법칙이 지배한다는 사실이 밝혀지는 순간 기존의 이론을 이용한 소립자에 대한 설명은 한계를 가진다. 자연현상에 대한 설명이 이처럼 변화될 수 있으며 그에 따라 세계이해가 바뀔 수 있다는 것은 정신현상에서도 마찬가지이다. 이것은 자연과학적 정신의학에 의한 정신병의 규정과 치료법이 오류의 가능성과 그로 인한 한계가 있음을 나타낸다.

철학으로 마음의 병 치유하기

특히 정신병은 경험적 관찰과 측량을 통한 대상화가 쉽지 않다. 인간의 정신은 단일한 법칙이나 일반화에 의한 설명이 사실상 어렵기 때문이다. 인간의 정신은 자신만이 가지고 있는 고유한 상황에 대한 이해에 의해 형성된다. 다수의 사람들이 하나의 상황을 마주할 때 사람들은 옆의 사람과 동일한 장면을 보고 있다고 믿지만 그것은 확인할 수 없는 주관적인 판단일 뿐이다. 감각기관을 통해 받아들이는 외부세계에 대한 인식도 모두 상이할 수밖에 없고, 받아들인 세계에 대한 이해 또한 사람마다 각기 다른 고유성을 가진다. 인간은 각자가 처한 '상황 내 존재'이다. 상황이라는 개념은 인간을 둘러싼 외부적이고 객관적인 환경만을 의미하는 것이 아니라 인간이 저마다 가지고 있는 육체적 특성, 환경, 성격, 정신상태, 의지 등을 포함하는 것이다.

예를 들어, 손을 사용하지 못한 사람이 있다고 하자. 자연과학적으로 교육을 받은 의사는 당연히 원인에 관심을 가진다. 원인은 사람마다 다르다. 그 원인은 자동차 사고로 인한 신경계의 손상, 통증으로 인한 마비, 유아기에서 시작된 장애 등 수없이 많다. 의사가 손을 사용하지 못하는 원인을 마비 또는 손상에서만 본다면 각 개인이 가진 삶의 상황을 고려하지 않는 것이다. 사람마다 다른 원인에 따라 결과도 수없이 다양할 수 있다. 손을 사용할 수 없는 사람은 신체적 장애와 생활의 불편함을 넘어 수치심, 자존감의 약화, 자기혐오, 나아가 악수를 할 수 없어 가지는 타인과의 거리감 등 수많은 정신적 문제를 가질 수 있다. 각 개인에 따른 이러한 문제 상황을 어떻게 경험적 인과적 틀 속에서 일반화할 수 있겠는가?

경험관찰에 국한하여 개별적 인간의 자기이해와 세계인식을 일반적으로 설명할 수 있다고 여기는 것은 일종의 착각일 수 있다. 이에 대해 하이데거(Martin Heidegger, 1889-1976)는 현장에서 일하는 의사들의 특수성과 딜레마에 대해 말한다. 의사들은 한편으로 자연과학자이면서 다른 한편으로 치료자로서 자연과학적 대상화를 통해 근원적으로 파악할 수 없는 인간 자체의 현상에 관여하고 있다는 것이다. 따라서 의사가 병을 어떤 기관의 고장이나 기능의 장애로 규정하고, 치료방식을 기술적 조작을 통해 고장을 바로 잡고 장애를 제거하는 것으로만 이해하는 것은 문제가 될 수 있다. 이러한 기술적이고 자연과학적 패러다임의 관점에만 머물러 있는 의사를 하이데거는 "과학적 기술자"라고 비판한다.[6] 하이데거의 제자 가다머(H-G. Gadamer, 1900-2002)는 통상적으로 의사들이 과학적으로 규정된 병과 인간의 고통을 동일한 것으로 규정하는 것을 비판한다. 그에 따르면 인간의 병과 고통은 인과적 설명 이전에 삶의 맥락에서 이해되어야 하며, 거기에는 인간의 자기인식에 대한 경험이 담겨 있음을 역설적으로 강조한다. 또한 의사의 치료나 의술도 다른 기술과 달리 병의 제거나 정복이 아니라

---

6   M. Heidegger, Zollikoner Seminare. Protokolle-Gespräche-Briefe. Frankfurt a. M., 1987, 139.

몸과 정신이 본래적 자연의 질서를 따르도록 도우는 것임을 강조한다.[7]

이처럼 인간의 정신은 자신을 둘러싼 세계의 의미지평 안에서 형성된다는 점에서 유일회적인 독특함을 가진다. 인간의 자기세계는 경험과학으로 규정될 수 있는 사실을 넘어 자신만의 법칙이 지배하고 있는 고유한 세계이다. 그렇기 때문에 보편적인 하나의 법칙을 적용할 수 없고 단일한 이론을 통한 설명은 한계를 가진다. 이와 연관하여 딜타이(Wilhelm Dilthey, 1833-1911)는 자연의 영역 및 인간의 생활세계를 모두 자연과학적 방법으로 탐구하려는 시도를 비판하며 인간의 삶과 정신을 파악하는 방법은 자연과학적 방법과 달라야 한다고 주장한다. 그에 따르면 과학은 '설명'하는 것이며 삶은 '이해'하는 것이다. 설명은 개별적 사례를 일반화하는 법칙정립적(nomothetic) 학문의 방법이며, 이해는 개성을 기술하는(idiographic) 학문의 방법이다. 따라서 딜타이는 정신, 문화, 역사의 영역은 자연과학적 방법과 다르게 삶의 개체성과 고유함을 이해하고 해석해야 함을 강조하였다.

의학자 야스퍼스는 이러한 학문의 방법적 차이를 강조하는 딜타이의 해석학을 수용하였다. 그는 정신병에 대한 접근 또한 과학적 설명만이 아니라 이해와 해석 또는 자기조명의 입장에서 이

---

7   H-G. Gadamer, 『철학자 가다머 현대의학을 말하다』 (이유선 역), 몸과 마음, 2002, 45.

루어져야 한다고 주장한다. 새로운 환자의 증상을 기존에 있었던 환자의 사례에 맞추어 유사성을 찾아내어 동일한 질병이라고 규정하는 것은 인간의 삶과 연관된 개체성을 부정하는 태도이기 때문이다. 물론 인간의 정신적 질병도 하나의 범주로 분류될 수 있다. 그것은 인간의 정신이 뇌신경의 생물학적 측면과 잠재적 무의식의 심리학적 측면을 가지기 때문이다. 그러나 이념, 가치, 의미, 자유의지와 같은 개별적 인간, 즉 실존에 기초한 측면은 거기에서 빠져 있을 수 있다. 분명 생물학적 특성이 강하게 나타나는 정신질환에 대해서는 육체적 질병과 같은 범주화와 일반 이론의 적용이 가능하다. 그러나 인간을 괴롭히는 질투, 시기, 분노, 허무, 우울 등과 같이 삶의 맥락에서 발생하는 정신적 고통과 어려움은 하나의 동일한 원인으로 묶어낼 수 없다. 개별적 인간이 겪는 고통은 일반화된 법칙에 근거한 이론으로 설명될 수 없으며 '질병으로 분류되지 않는 정신적 고통'으로서 이해되는 것이어야 한다.

다른 한편으로 자연과학적 의학은 질병을 신체와 정신이라는 이분적 구조에서 규정한다. 고전 의학에서 질병은 신체적 원인에서 설명되고 그로부터 심리적 영향을 주는 신체 원인성의 정신병, 그리고 그러한 정신병이 역으로 신체에 영향을 주는 정신 원인성의 신체적 질병을 설명하였다. 어떤 경우에서든 심신이원론에 기초한 의학은 결과적으로 질병을 경험관찰 및 인과적 설명이 가능한 신체적인 것으로 환원하는 방법을 적용하려는 경향을 가진다. 그러나 신체적 원인만을 가지는 질병 자체는 자연과학적으로 설명이 가능할 수 있지만 정신과 연관된 신체적 질병과 정신적 질병은 그러한 환원적 방법만으로 설명하기 어렵다. 정신병은 신체이든 정신이든 어떤 하나의 원인만을 가지고 있지 않은 경우가 많기 때문이다. 따라서 정신병에 대한 이해는 신체와 정신의 역동적 구조를 상정해야 할 필요가 있다.

그러나 물리적이고 인과적으로 설명하는 경험적 패러다임을 고수하는 자연과학적 의학에서 그러한 역동적 구조를 가정한다는 것은 사실상 그 영역을 넘어선 것이다. 예를 들어, 인간이 가지는 감정적이고 정신적인 긴장을 의학은 어떻게 설명할 수 있는가? 이에 대해 의학은 혈압상승과 같은 신체적 수치를 측량하여 그 수치가 과도할 경우에 나타나는 것으로 심리적이고 정신적 현상, 즉 긴장을 설명할 것이다. 그러나 감정적이고 정신적 긴장의 원인은 혈압상승 이외에 수많은 실존적 상황과 연관되며, 오히려 혈압상승은 그러한 긴장의 결과일 수 있다. 어떤 사람이 부끄럽고 당황하여 얼굴이 붉어졌다고 하자. 이때 얼굴의 붉어짐은 측량할 수 있는가? 어떤 의미에서는 측량할 수 있을 것이다. 그 붉기는 혈액의 몰림을 알 수 있는 혈액유입기로 측량되거나 정상적인 혈색과 비교될 수 있을 것이다. 그러나 그러한 측량과 비교에서 부끄러워 붉어짐의 의미는 상실되고 만다. 열기로 인한 붉어짐과 부끄러워 붉어짐은 겉으로 보기에는 얼굴의 붉음으로 같은 것처럼 보이지만 질적으로 다른 것이다. 부끄러워 붉어짐은 타자와의 관계 속에 있는 삶의 맥락에서 이해되어야 한다.

그렇다면 부끄러워 붉어짐은 신체적인 것인가? 아니면 정신적인 것인가? 위에 본 것처럼 어느 하나로 환원시켜 설명할 수 없는 현상이다. 이와 관련하여 한 가지 예를 더 들어보자. 눈물은 신체적인 것인가 정신적인 것인가? 눈물은 눈에 가시가 들어가거나 눈병이 생겨서 날 수 있다. 이것은 신체적인 것으로 인과적 설명도 가능하며 눈물이라는 용액을 관찰하고 그 양을 잴 수도 있다. 그러나 슬픔으로 인한 눈물은 어떠한가? 여기에 인과적 설명이나 용액의 측량은 무의미한 것이다. 우리는 상황과 그 상황이 가지는 의미를 통해 그 눈물의 의미를 단번에 이해한다. 슬픔은 잴 수 없다. 슬픔을 측량하고 인과로 설명하는 것은 슬픔을 알지 못하는 것이다. 슬픔도 약간의 슬픔, 큰 슬픔, 깊은 슬픔처럼 양적으로 표현될 수 있다. 그러나 이러한 양적 표현은 측량에 따른 것이 아니라 질적인 것을 나타내는 것이다. 슬픔은 신체와 정신의 역동적 작용에서 일어나는 신체적인 동시에 정신적인 현상이다. 자연과학적 의학에는 이러한 역동적 현상을 이해할 수 있는 토대를 가지고 있지 않다. 신체적이든 정신적이든 모든 것을 신체현상으로 환원시켜 인과적 관점에서 측량하고 계산하는 단순원리를 의학은 추종하고 있기 때문이다. 자연과학에 기초한 정신의학은 이러한 단순원리가 정신적 현상을 설명할 수 있는 법칙으로 사태 자체에 적합한지, 정신과 신체의 연관을 충분히 고려하고 있는지, 나아가 인과원리에 따른 치료법이 합당한지에 대한 성찰을 하지 않고 있을 뿐만 아니라 심지어 그러한 성찰을 객관적으로 설명할

철학으로 마음의 병 치유하기

수 있는 경험적 내용을 넘어서 있다는 이유로 차단하고 있다.

근대 이후 인간의 질병을 자연과학적 측면에서 규정하고 치유하려는 경향은 더욱더 강화되었다. 일찍이 근대에서 인간을 기계론적으로 파악하고 정신을 물리적 현상으로 설명하는 뇌 과학과 신경과학은 현대 기술과학을 통해 고도화되고 있으며, 나아가 생명공학 및 유전자 공학과 융합하여 생명 및 신체를 공학적으로 복제 및 개선할 수 있는 가능성을 보여주고 있다. 이제 인간을 괴롭히는 난치병과 유전병은 발병 이전에 치료가 가능해졌으며, 정신적 질병 또한 뇌 지도를 통해 그 원인이 규명되고 있으며, 세로토닌, 도파민 같은 신경전달 약물로 고통을 해결할 수 있게 되었다. 이러한 기술과학의 발전에 힘입어 오늘날 인간은 '트랜스휴먼(transhuman)'이라는 인간능력 강화 프로그램을 거쳐 정신적 고통과 죽음이라는 질병조차 넘어선 '포스트휴먼'의 미래를 꿈꾸고 있다.

이러한 미래 기획처럼 과학기술이 지금보다 더 발달해 인간의 뇌에 담긴 의식의 내용을 기계장치에 저장할 수 있을 뿐 아니라 복제된 생명체에 이전 또는 '업로드' 할 수 있는 세상이 온다면 어떻게 될 것인가? 그렇게 된다면 인간은 물리적이고 생물학적인 육체로 인한 노화와 죽음, 질병이라는 한계를 넘어 영원한 생명을 이어갈 수도 있을 것이다.[8] 그러나 뇌에 있던 인간의 의식을 그

---

8   미국 드라마 '업로드(Upload)'에서 위와 같은 상황을 다루고 있다.

대로 읽어서 기계에 옮겨놓는 것이 가능하다 하더라도 원래 의식을 가진 인간과 복제된 기계 또는 생명체를 동일한 인간이라고 할 수 있을까? 뇌에 담긴 의식 내용이 각 개인의 역사적 체험과 신체적 습관, 나아가 정신적 의미 및 가치의 지향을 포함할 수 있는지는 여전히 의문이다. 기술과학적인 조작을 통해 개별적 인간이 가지는 실존적 고유함을 담아내는 것은 불가능할 뿐만 아니라 동일한 복제인간을 만들 수 있다고 해도 그것은 매순간의 결단 속에서 자신을 만들어가는 실존적 자기일 수는 없을 것이다. 인간은 기계적이고 물리적인 차원으로만 설명할 수 없으며 각자의 상황 속에 던져져 신체와 정신의 역동적 힘을 통해 고유한 자기를 선택하며 살아가기 때문이다. 이것은 인간이 물리적 법칙을 벗어날 수 없는 육체와 주어진 환경에 고착되는 심리적 특성을 가지고 있지만 그 모든 것은 정신과의 연관에서 이해되어야 하는 다차원적인 특성을 가지고 있음을 의미한다. 따라서 정신의 고통을 바라보는 관점 역시 다차원적이어야 한다. 다시 말해 인간이 겪는 고통은 뇌와 신경의 생리학적 문제 및 환경에서 비롯될 수도 있고, 잠재적 무의식의 영향으로 인한 것일 수도 있지만 그러한 수동적 요인과 계기를 넘어서 그것을 능동적으로 해석하는 정신의 영역과 연관된 것일 수가 있다. 이것은 결국 인간의 정신적 고통을 이해하기 위해서는 '인간에 대한 전체적인 이해'가 반드시 요구됨을 의미한다.

4. 의학적 질병분류체계의 문제점

오늘날 우리는 의학의 엄청난 발전을 통해 수많은 질병을 정복했다고 믿는다. 이것은 부정할 수 없는 사실이다. 그럼에도 불구하고 염두에 두어야 할 것은 현대의학의 체계가 질병과 건강의 의미를 규정하는데 있어서는 여전히 애매하고 모호한 입장을 가지고 있다는 점이다. 이것은 의학의 한계라기보다는 삶의 조건과 시대적 상황의 변화에 따라 질병 또한 생성소멸의 역사를 가지기 때문에 그럴 수 있다. 의학도 분명 이러한 변화를 반영하고 있지 않은 것은 아니다. 그러나 위에서 본 것처럼 경험적 관점에만 고착되어 일반화한 의학의 질병분류체계는 본질적인 한계를 가지고 있다. 왜냐하면 질병과 건강의 의미는 생로병사를 겪는 개별적 인간의 실존적 위기상황에 따라 각기 다른 의미를 가질 수 있기 때문이다. 그러나 의학이 개별적 사례에 집중하여 모든 병을 다룬다는 것을 사실상 어려우며 학문의 취지에도 맞지 않은 것이다. 그럼에도 의학과 의술은 다른 학문 또는 기술과는 구별되어야 한다. 자연현상과 사회현상을 다루는 학문들은 개별적 사례로부터 법칙을 정립하고 이후에 개별적 사례의 현상을 그 법칙에 따라 설명하는 것이 가능하며 의학도 예외는 아닐 수 있다. 그러나 의학과 의술이 다루는 개별적 사례는 인간이다. 의사는 유적 개념의 인간을 다루는 것이 아니라 위기 속에 있는 한 사람 한 사람의 실존을 대하고 있다는 점에서 그의 직업은 특별한 것이다.

야스퍼스는 『기술시대의 의사』에서 "자연과학적 의학"의 위험성을 지적하며 현대의 거대한 병원의 경영체계에서 의사는 자칫하면 실험의 연구자처럼 개별적 환자들의 현실을 무시하고 일반화된 질병분류체계를 맹종하여 진단하며 의학적 장비를 다루는 기능인처럼 진료를 할 수 있기 때문이다.[9] 이처럼 의학의 질병분류체계는 당연히 필요한 것임에도 불구하고 그것이 가지는 한계에 대한 주의가 필요하다. 이러한 질병분류체계에서 항상 "분류되지 않는 병"이 있음을 인정하는 것도 그런 이유이다.

따라서 우리는 질병이 무엇이며 건강이 무엇인지에 대해 다시금 생각해볼 필요가 있다. 인간의 개별적 상황과 무관하게 고찰된 질병분류체계는 다른 문제를 발생시킬 수 있기 때문이다. 야스퍼스는 이러한 한계를 자신의 저서 『정신병리학 총론』에서 다음과 같이 지적하고 있다.

> 우리가 그 결과를 잘 모르는데도 질병 과정에 대해 수많은 가능한 원인을 열거한다면, 이는 대개 우리가 실제 원인을 모르고 있다는 표시이다.

WHO(세계보건기구)는 1948년에 세계보건헌장을 발표하였다. 여기에서 건강은 "질병이 없고 허약하지 않은 상태만이 아니라

---

9   K. Jaspers, 『기술시대의 의사』 (김정현 역), 책세상, 2010, 58 이하.

철학으로 마음의 병 치유하기

육체적, 정신적, 사회적으로 완전한 상태"로 정의되고 있다. 이 정의는 현대적 상황을 반영하여 육체적 질병을 넘어 정신적이고 사회적 건강을 포함시켰다는 점에서 그 의의가 있다. 그러나 이 헌장에서도 무엇이 질병이며 어떤 상태가 건강한 상태인지, "완전한 상태"가 어떤 것인지는 여전히 모호하다. WHO의 정의대로라면 건강한 사람은 '슈퍼맨'이어야 할 것이다. 나아가 정신적으로도 완전해야 한다면 슈퍼맨의 신체에 신적 정신력을 갖춰야 할 것이다. 이것은 인간에게 불가능하다. 이러한 이론상의 규정과 무관하게 우리는 일상적으로 질병이 없으면 건강하다고 판단한다. 그러나 이러한 판단을 인정하기 위해서는 '질병'에 대한 규정이 먼저 있어야 할 것이다. 문제는 '질병'의 개념이 고정되어 있지 않다는 점이다. 예를 들어, '노화'가 질병으로 규정될 경우에 질병이 없는 '건강한 노인'도 갑자기 '환자'가 될 수 있다. 이 예는 비록 극단적인 것이지만 문제가 없던 것도 의학적 진단이 내려지는 경우에 질병이 되는 경우를 우리는 자주 볼 수 있다. 다르게 말해서 의학적 진단도 애매성과 모호성을 담고 있다는 것이다.

19세기 말 근대 의학이 체계화되는 과정에서 질병에 대한 분류체계가 만들어졌다. 우리는 질병이 명확한 기준에 의해 정의되는 실체를 가진 것이라고 생각하기 쉽다. 그러나 질병의 분류와 정의의 과정에서 무엇을 질병으로 분류할 것인가를 판단해야 하는 문제가 발생한다. 질병을 규정하는 기준에는 의외로 의학적 판단과는 무관하게 사회적 관습과 통념의 영향이 깊게 자리 잡고 있다. 무엇이 질병인가를 판단할 때 가장 쉽게 생각하는 것이 통계적 평균에서 벗어난 '비정상'의 개념이다. 인간이 경험적으로 조사한 통계의 평균에서 심각하게 벗어난 신체적 특징을 질병으로 분류하는 경향이 강한 것이 사실이다. 통계적 평균개념을 적용하여 평균에서 벗어난 상태를 '이상(異常)'이라고 보는 것이다. 물론 건강과 신체적 상태를 명백하게 위협하는 경우에 질병으로 판단내리는 것은 당연하게 보인다. 흑사병이나 코로나와 같은 감염성 질병은 판단하기 어렵지 않다.

그러나 근시를 질병으로 분류할 것인가, 충치를 질병으로 분류할 것인가 하는 문제는 간단하지 않다. 근시안이거나 충치를 가지고 있다고 해서 환자로 취급하지는 않는다. 또한 평균을 벗어나 특이할 정도로 건강한 상태는 질병으로 분류되지 않는다. 주목할 것은 그만큼 질병의 개념에는 평균적인 상태라는 통계적 개념과 더불어 특정한 규범개념이 적용되고 있다는 점이다. 평균보다 지방의 비율이 높은 경우에 '비만'이라는 질병으로 규정하지만 평균보다 근육의 비율이 높은 경우에는 질병으로 분류하지 않는다. 마찬가지로 지능이 낮은 경우는 정신적 장애로 규정하면서도 지능이 평균보다 높은 경우는 이상 현상으로 규정되지 않는다. 여기에는 사회적 가치와 규범의 개념이 적용되고 있기 때문이다. 이렇게 질병이 규정될 경우에는 질병과 거리가 먼 경우에도 사회적 낙인효과를 일으켜서 질병으로 인한 고통보다 더 큰 고통을 안겨줄 수도 있다.

철학으로 마음의 병 치유하기

근대 생물학의 아버지로 불리는 린네(Carl von Linne, 1707-1778)는 지구상의 모든 생명체를 같은 종끼리 분류하는 '인위적 분류체계'를 만들었다. 현생 인류에게 '호모 사피엔스(Homo sapiens)'라는 학명을 붙여준 사람도 린네이다. 근대 의학자들은 린네의 학문연구방법을 표준으로 삼아 질병을 분류하려고 시도하였다. 특히 정신병을 하나의 단일 질병으로 보던 시각에서 벗어나 증상과 원인별로 세분화시켜 정신병의 분류체계를 만들어 낸 것은 독일의 정신의학자 크레펠린(Emil Kraepelin, 1856-1926)이다. 그 이후 WHO에서 공인하는 ICD(international classification of diseases, 국제질병분류)의 정신장애 진단 분류방식과 미국 정신의학회에서 펴내는 DSM(Diagnostic and Statistical Manual of Mental Disorders, 정신장애진단 및 통계편람)가 정신적 질병을 규정하고 분류하는 기준이 되고 있다. 이런 질병분류체계에서 새로운 증상이 질병으로 등재되거나 질병의 명칭이 변경되기도 한다. 예를 들어, 우리가 흔히 정신분열증이라고 불러왔던 정신병은 조현병[10]이라는 이름으로 바뀌기도 하고, 기존에는 없었던 질병인 게임중독[11]이나 인터넷 중독이

---

10 '조현병'이라는 낱말에는 악기의 현(絃)을 조율(調律)한다는 뜻이 내포되어 있다. 이러한 명칭의 변경은 정신분열증으로 불리던 부정적인 의미를 씻어내기 위해 정신의 조율이 필요한 상태라는 뜻을 가진다.

11 WHO는 2019년에 개정된 ICD-11에서 '게임장애'(Gaming disorder)를 질병코드에 등재했다. 미국정신의학회가 발행하는 DSM-5에서는 2013년부터 게임장애를 질병으로 분류하고 있다.

새롭게 질병으로 분류된다. 이처럼 질병을 분류하고 정확하게 원인과 증상에 따라 정의하는 작업은 의학의 발달에 기여해왔다.

그러나 이러한 질병분류가 가지는 문제점은 질병으로 여기지 않던 것이 갑자기 질병으로 분류되어 정상적인 생활을 하던 사람도 환자로 간주될 수 있으며 그로 인해 또 다른 정신적 문제를 유발시킬 수도 있다. 반대로 질병으로 분류되지 않은 고통으로 힘들어 하는 사람도 있을 수 있다. 이럴 경우에 질병분류체계에 속하지 않다고 해서 당사자의의 고통은 무시되거나 부정될 수도 있다. 심지어 이런 사람은 정신적 고통에 시달리고 있으면서도 그것이 특정한 질병으로 분류되지 않았다는 이유로 꾀병을 부린다거나 부도덕함 또는 정신적 나약함을 보여주는 것으로 간주될 수 있다. 신체에 대한 의학적 연구에서 질병을 규정하고 분류한 근본적인 이유는 인간의 신체적 건강을 유지하는데 도움을 주기 위한 것이었다. 마찬가지로 정신적 고통을 질병의 범주로 분류한 이유도 정신이 건강한 상태로 유지되기 위한 것이다. 그러나 어느 순간 의학의 관심은 건강이 아니라 질병에만 관심을 가지게 되었다.

다시 WHO의 건강에 대한 정의를 떠올려 보자. 문제는 여기에서 말하는 "질병이 없는 상태"만으로는 건강이 충분히 정의되지 않는다는 점이다. "질병이 없는 상태"란 의학적인 질병분류체계에 기록된 질병이 없다는 것을 의미하는 것이 아니다. 질병으로 분류되어 있지는 않지만 인간의 건강을 위협하는 요인은 많다. 육체적 질병이 없지만 과도한 노동이나 강요된 학업으로 스트레스

철학으로 마음의 병 치유하기

를 심하게 받고 있는 상태를 건강한 상태라고 볼 수는 없다. 이와 같은 기준을 인간의 정신건강에 적용한다면 질병으로 분류된 정신적 장애를 가지고 있지 않더라도 정신적으로 건강한 상태라고 규정할 수 없다. 이것은 인간의 정신을 괴롭히는 정신장애와 더불어 "질병으로 분류되지 않는 마음의 병"도 함께 고려해야 함을 의미한다.

정신적 건강을 유지하기 위해서는 질병의 치료와 더불어 "자신을 향상시키고, 보다 깊이 있고 풍요롭고 더 나은 의미 있는 삶을 살기 위한 능력"이 요구된다. 만약 누군가 현대사회에서의 과도한 경쟁으로 인해 우울증을 겪고 있다면 의학적 치료와 심리치료의 과정을 거치는 것이 마땅하다. 그러나 성과주의가 팽배한 사회적 분위기에서 과도해진 경쟁의식이 사회 구성원들의 정신적 삶을 피폐하게 만든다면 그 문제는 의학적 치료로만 해결될 수 없을 것이다. 오히려 그 문제에 접근하기 위해서는 오늘날 우리 사회가 추구하고 있는 가치와 그와 연관된 자기 자신의 태도에 대한 성찰이 필요하다.

그런 점에서 정신적 문제에 대한 상담과 치료는 의학적 질병분류체계에 수록되지 않은 질병만이 아니라 수록될 수 없는 정신적 고통에 대한 관심과 배려를 포함할 수 있어야 한다. 정신적 문제는 의학적 질병분류체계에 나오는 질병보다 더 근본적인 문제와 연관되어 있다. 불안, 절망, 고독, 노화, 죽음, 허무, 우울 등과 같은 정신적 문제는 인간 존재에 대한 전체적 이해와 이에 상응하는 상담이 필요하다. 오히려 이러한 정신적 문제에 관심을 가지지 않고 방치할 때 결과적으로 의학적 분류되는 구체적인 질병을 초래하는 경우가 많다. 현대인은 의학적 질병으로 분류될 수 없는 마음의 병으로 이전보다 더 심각한 고통을 겪고 있다. 이러한 고통에 대한 치유는 먼저 자신을 내적으로 성찰할 수 있는 성숙된 힘을 배양하고 자기존재의 본래성을 유지할 수 있도록 보살피는 것이다. 철학상담이 타인의 고통을 이해하는 실존적 소통으로서 각자의 자기치유를 도우는 것에 주안점을 두는 이유가 바로 여기에 있다.

5. 새로운 정신치료를 위한 철학의 수용

자연과학적 정신의학과 심리학 및 정신분석학이 지배적이던 시기에 그에 대한 한계와 문제점을 비판하고 반성하며 새로운 방향을 제시하려 학자들이 속속 등장하기 시작하였다. 이들의 공통점은 인간 존재를 전체적으로 이해하기 위해 철학을 수용하고 그로부터 정신적 문제에 대한 규명과 적합한 치료법을 제시하려고 했다는 점이다.

이러한 움직임은 먼저 정신의학계에서 일어났다. 1920년대에 기존의 정신의학을 공부한 학자들이 그들이 배우고 실천하고 있는 정신의학에 문제점이 있다는 것을 자각하고 강한 비판의 목소리를 내기 시작하였다. 이들은 한편으로 전통적인 정신병리학의 학문적 결함과 비인격적인 문제를 제기하였다. 근대의 자연과학적 인간이해에 근거하여 인간을 사물처럼 대상화할 경우에 생겨나는 의학치료의 한계와 의학윤리에 심각한 문제가 발생할 수 있음을 직접 경험하였기 때문이다. 뿐만 아니라 이들은 신체에 대한 자연과학적 의학의 효과는 어느 정도 인정할 수 있지만 정신을 다루는 의학은 분명한 한계가 있음을 절감하였다. 정신은 신체처럼 인과적 설명으로 규명할 수 없으며, 정신병은 과학적인 분석을 통한 일반적인 진단만으로 해명할 수 없는 개별적인 특성을 가진다는 점을 인정하지 않을 수 없었기 때문이었다. 다른 한편으로 이들은 프로이트의 정신분석학이 가진 이전과는 학문적 의의를 부분적으로 인정하였지만 성적 억압에 기초한 단편적인 인간이해에는 만족할 수 없었다. 이러한 반성과 함께 빈스방거(L. Binwanger), 바이체커(V. von Weizsäcker), 지벡(S. R. Siebeck), 주트(J. Zutt), 겝사텔(V. E. von Gebsattel), 민코프스키(E. Minkowski), 스트라우스(E. Strauss) 등과 같은 일군의 의학자들은 "인간학적 의학과 정신의학"을 위한 운동을 주도하였다.[12]

이러한 배경에서 의학자들이 철학을 수용하여 정신의학의 변화를 도모하려고 했다는 점에 우리는 주목할 필요가 있다. 이들은

12　G. Condrau, Sigmund Freud und Martin Heidegger. Daseinsanalytische Neurosenlehre und Psychotherapie, Bern, 1002, 48-62쪽.

당시 의학적 분야에 무관심한 철학자들과 달리 스스로 철학적 탐구를 수행하면서 의학의 자연과학적 인간이해가 가진 한계를 극복하려고 시도하였다. 특히 이들은 근대철학을 계승하고 있는 논리 및 인식과 관련된 이성 중심적 철학보다는 1, 2차 세계대전을 겪으면서 경험한 절망, 불안, 좌절, 공포, 우울, 죽음 등과 관련하여 새롭게 인간의 본질 및 삶의 세계를 해명할 수 있는 생철학, 실존철학, 현상학, 해석학 등과 같은 철학적 논의를 적극적으로 수용하였다. 이러한 방향에서 진행된 철학과 의학의 융합적 연구는 정신적 고통과 연관된 마음의 병을 뇌의 물질적이고 화학적인 요소와 변화로 설명하거나 생물학적 행동주의에 기초한 인과적 설명에 국한시키지 않고 인간 존재 전체에 대한 통찰로부터 제시하려는 기획에서 출발한 것이었다.

이러한 작업을 시도한 의학자들 중에서 가장 중요한 사람이 앞으로 이 책에서 다루게 될 야스퍼스이다. 정신병리학자로서 그는 정신병에 대한 연구를 철저하게 수행하면 할수록 인간의 정신을 자연과학적 입장에서 이해하려는 시도가 인간 존재의 정신이 가진 전체적인 측면을 얼마나 간과하고 있는지를 절감하였다. 그는 전통적 의학이 가진 부분적 시각이 인간 존재의 본질적인 핵심을 놓치고 있음을 비판하고 "전체적인 존재"로서의 인간에 접근할 때만 인간의 정신에 대한 진정한 이해에 도달할 수 있다고 주장하였다. 이에 따라 그는 인간 존재를 물리적이고 생물적 측면, 심리적 측면, 사회적이고 역사적인 측면, 나아가 정신적 측면

철학으로 마음의 병 치유하기

전체를 통일적으로 보려고 시도하였다.

인간의 정신병도 자연과학적 접근, 정신분석 및 심리학적 접근, 철학적 접근 중 어느 한 입장에서만 진단하거나 규정할 때에는 문제가 발생할 수 있다. 정신병에 대한 규명은 어떤 입장의 선택을 통해서만 제시될 수 없는 인간에 대한 전체적 이해와 연관되어 있기 때문이다. 예를 들어, 사이코패스 범죄자들에게서 공통적으로 전두엽의 특이한 형태가 발견된다 하더라도 그와 동일한 특성의 전두엽을 가진 모든 사람들이 연쇄살인범이 되지는 않는다.[13] 인간에게는 각자에게 고유한 생물학적 특징, 억압된 무의식적 심급, 경험을 통해 형성된 심리학적 태도가 있다. 나아가 자기성찰과 타자와의 관계에서 형성되는 다양한 가치형성 및 의미지

13　이러한 사례를 캘리포니아 대학교의 제임스 팰런 교수가 잘 지적해주고 있다. 그는 사이코패스의 뇌 스캔 사진을 연구하다가 자신의 뇌가 전형적인 사이코패스의 뇌 모습을 가지고 있음을 발견하면서 다음과 같이 기술하고 있다. "나는 자리에 앉아 우리 가족의 스캔 사진을 분석하다가 사진 더미 속 마지막 사진이 두드러지게 이상한 걸 알아 차렸다. 사실 그 사진은 사진 임자가 사이코패스이거나 적어도 사이코패스와 불편할 정도로 많은 특성을 공유함을 시사하고 있었다. 나는 사진 임자가 우리 가족 중 하나일 거라고는 의심 하지 않고, 당연히 우리 가족 뇌 사진에 어쩌다 다른 사진 더미가 섞였으리라 여겼다. 우리는 스캔 사진을 익명으로 유지하려고 사진마다 암호를 설정해서 주인공의 이름을 숨겨 놓은 상태였다. 나는 실험실 보조 연구원에게 암호를 풀어달라고 했다. 그 뇌 스캔 사진의 주인공은 나였다. 나는 결혼해서 행복하게 사는 세 아이의 아버지며 직업적으로도 성공한, 그러니까 지극히 정상적인 사내이다." 제임스 팰런, 『괴물의 심연』(김미선 역), 더 퀘스트, 2013. 55쪽.

향을 가지고 있다. 이러한 다양한 영역들의 복합적인 층들이 인간의 정신을 형성한다. 특히 인간의 정신적 고통을 이해하고 마음의 병을 치유하는 과정에는 물리적이고 생물학적인 조건 및 경험적 심리학의 행동주의적 태도를 넘어 자유로운 선택을 통한 실존적 자기형성과 관련된 요소가 결정적일 수 있다는 점에서 인간의 철학적 자기조명은 매우 중요한 의미를 가진다.

이러한 자기존재의 이해를 강조하는 야스퍼스의 실존주의적 정신병리학은 독일의 정신의학자 빅터 프랑클에게 '의미치료(Logotherapy)'라는 새로운 정신치료의 이론을 수립하는데 강한 영향을 주었다. 2차 세계대전 당시 유태인 수용소에서 살아남은 자신의 경험을 기초로 프랑클은 삶의 의미 발견이 정신적 고통을 치유할 수 있는 중요한 출발점이라는 사실을 강조한다. 정신의학과 철학의 요소를 결합시킨 의미치료는 기존의 정신의학에서 질병으로 분류하지 않았던 '정신인성 신경증'을 명백한 고통으로 인식하고 치료에 초점을 맞추었다. 이를 통해 질병으로 분류할 수는 없으나 우리가 일상적으로 느끼는 고통들 또한 상담에 중요한 내용으로 포함 될 수 있게 되었다. 프랑클은 "의미에로의 추구"가 모든 인간에 내재하는 정신의 원동력이라는 관점에서 인간의 정신을 단순히 치료의 대상을 보지 않고 스스로의 문제를 치유할 수 있는 능력을 가진 치료의 주체로 여긴다.

무엇보다 프랑클은 인격을 강조한다. 인격은 인간 존재를 전체적 시각에서 규정하는 개념으로서 셸러(M. Scheler, 1874-1928)의

철학으로 마음의 병 치유하기

철학적 인간학을 수용하였다. 셸러는 생물학적 인간학에 대해 인간이 생물적, 동물적, 인간적 측면을 가짐을 보여주었다. 이와 연관하여 프랑클은 인간의 정신병을 규명하기 위해서 1차원의 물리학, 2차원의 심리학, 3차원의 철학을 포괄하는 입체적인 인격의 관점, 즉 '차원존재론'이 요구됨을 주장하였다. 정신병을 물리적 차원에서만 보면 그것은 원뿔의 밑면만을 보는 것에 그치고 옆면만을 보면 삼각형이지만 전체를 보아야 원뿔이 드러나는 것처럼 인간의 정신병도 이렇게 전체적으로 보아야 이해된다는 것이다. 20세기 중반 이후 프랑클의 '의미치료'는 얄롬(Irvin D. Yalom, 1931-현재)의 '실존주의적 심리치료(existential psychotherapy)'로 발전되었다. 얄롬은 실존철학을 수용하여 인간의 근본관심으로서 불안, 죽음, 자유, 소외 현상을 해명하고 이로 인한 정신병을 규명하였다. 또한 그는 인간의 전체적 모습을 문학적 글쓰기를 통해 드러내려고 노력하였다.

오스트리아 빈의 전통적인 정신분석학파에서 프로이트, 융, 아들러 이후 4세대에 속한 빈스방거와 메다르 보스(Medard Boss, 1903-1990)는 후설의 현상학과 하이데거의 현존재분석론에 영향을 받아 실존적 인간이해에 기초한 '현존재분석(Daseinsanalysis)'이라는 정신분석의 이론과 방법을 창안하였다. 이들은 인간과 세계가 근본적으로 분리되어 있지 않다는 세계-내-존재라는 근본구조를 인간의 정신에 적용하여 해석하고 그러한 근본구조에 속하는 주요범주가 침해된 형태를 정신병적 현상과 연결시키려고 시도하였다.

　이러한 방향에서 자연주의적 심리학과 거리를 두면서 인간에 대한 실존철학적 이해를 심리상담에 적용하는 인문주의적 심리상담이 등장하였다. 대표적인 상담이론으로는 욕구의 단계이론에서 실존적 자기실현의 최상의 욕구로 강조하는 아브라함 매슬로우(Abraham Maslow, 1908-1970), 프로이트의 무의식 이론이 가지는 한계를 보완하기 위해 실존의 개체성과 창조성을 내세우는 롤로메이(Rollo May, 1909-1994)의 실존주의 심리상담, 인격적 활동을 강조하는 칼 로저스(Carl Rogers, 1902-1987)의 '내담자 중심의 상담이론' 등을 들 수 있다.

　이러한 실존주의적 또는 인문주의적 정신의학 및 상담이론에는 인간의 정신적 고통을 철학적 관점에서 해명하고 치유하는 시각이 저변에 깔려 있다. 이들은 인간이 과거와 현재에 매여 있지 않고 환경을 초월할 수 있는 가능적 존재로서 매순간의 선택 앞에서 불안하며, 또한 그 가능성이 제약되거나 좌절될 때 정신적 고통을 가지는 것으로 이해한다. 나아가 인간은 타자와 더불어 사는 세계-내-존재로서 사랑과 존경을 받고 싶은 욕구가 거부되거나 부정될 때 정신적 고통을 느낀다. 따라서 이들은 이러한 문제의 해결하기 위해서는 고통의 실존적 의미를 이해하는 상담자와의 대화를 통해 진정한 자기조명과 타인과 공존할 수 있는 소통의 방법을 스스로 찾아내는 것이 정신적 치유의 길이라고 믿었다.

　이들이 적용하고 있는 인간의 실존에 대한 철학적 성찰은 소크라테스의 철학에서부터 이어져 내려온 것이지만 근대 이후에 시대적 상황과 연관하여 키에르케고르, 야스퍼스, 하이데거, 사르트르 등의 실존철학에 그 뿌리를 두고 있다. 그만큼 실존철학은 인간을 영원과 순간, 무한과 유한, 필연과 가능, 초월과 내재의 사이에서 갈등하는 불안한 존재이며, 자기존재가 되기 위해 매순간 선택의 상황에서 내맡겨져 있다는 사실성을 보여주며, 그로 인해 인간이 가지는 정신적 고통의 원인이 무엇이며 그 해결이 어떤 것임을 성찰할 수있는 계기를 부여한다. 이런 점에서 실존철학은 인간의 자기성찰과 인격적 성숙을 주요과제로 하는 철학의 실천을 위해 유의미한 내용을 담고 있다.

이처럼 현대 정신의학 및 심리학에서 마음의 치유를 위하여 철학을 수용하는 새로운 흐름이 전개되고 있다. 바로 이러한 변화에 오늘날 철학도 함께 동참하고 있다. 세계 전역에서 철학적 상담, 치료, 실천이라는 이름으로 철학적 심리치료의 이론과 방법이 제시되고 관련 학회 및 개인 상담소가 수없이 등장하고 있다는 사실이 그러한 변화를 실감나게 하고 있다. 기존의 심리상담 및 정신의학의 문제점을 비판하는 메타적 접근과 함께 고대로부터 내려오는 철학적 심리치료의 전통 발굴 및 현대적 적용을 시도하고 있는 이러한 철학적 정신치유는 새로운 대안으로 급부상하고 있다. 미국철학실천가협회(APPA)를 창립한 철학상담 실천가 매리 노프를 중심으로 '철학상담'이라고 불리어지는 실천차원의 운동이 바로 그러한 움직임 중의 하나이다. 이 운동은 인간 존재가 실증적 인식과 분석의 대상이 아니라 자신의 존재를 스스로 이해하고 해석할 수 있다는 철학적 관점에서 기존의 경험적 심리치료와는 다른 방식의 상담과 치료를 실천하고 있다.

매리노프는 철학상담에서 자기반성과 자기검토의 과정을 통해 내담자 자신이 문제를 발견하고 자신과 거리를 두어 보며 분석하고 성찰하며 균형을 찾는 PEACE(Problem-Emotion-Analysis-Contemplation-Equili- brium)라는 다섯 단계의 방법을 제안하고 있다. 이러한 단계의 과정에서 내담자는 자신의 상황에 대한 철학적 조망을 통해 균형 잡힌 자기이해와 이에 따른 행위를 결단하게 된다. 매리노프는 이러한 철학상담을 기존의 심리상담에 실망한 사람들을 대상으로 실천하고 있을 뿐만 아니라 뉴욕시립 대학교에 철학상담 연수과정을 열어 상담자 양성을 위해 노력하고 있다.[14]

북미권에는 또 다른 철학상담 이론가로서 캐나다의 심리철학자 피터 B. 라베(Peter B. Raabe, 1949-현재)를 들 수 있다. 그는 철학상담의 정체성 및 고유한 방법들을 체계적으로 정리하고 있을 뿐만 아니라 독자적인 철학상담의 실천적 방법을 개발하고 개인 철학상담소를 열어 삶의 문제로 고통을 겪고 있는 내담자에게 직접

---

14   L. Marinoff, 『철학 상담소. 우울한 현대인을 위한 철학자들의 카운슬링』 (김익희 역), 북로드, 2006; 같은 저자, 『철학으로 마음의 병을 치료한다』 (이종인 역), 해냄, 2000.

도움을 주고 있다.[15]

이러한 철학상담의 방법과 이론과는 다른 입장을 가진 독일의 철학상담가로서 게르트 아헨바흐(Gerd B. Achenbach, 1947-현재)를 들 수 있다. 그는 현대 철학상담 운동의 창시자로 자신의 철학상담을 '철학실천(Philosophische Praxis)'이라고 칭하고 국제학회를 창설하고 개인상담소를 운영하고 있다. 특히 그는 상담에서 내담자가 자기 자신과 세계에 대한 지속적인 재해석을 통해 이루어지는 결론 개방적 절차를 강조하며, 철학상담에 정해진 이론 및 방법의 적용을 거부한다. 그는 야스퍼스를 수용하여 목표 지향적 절차가 철학실천에서 가장 심각한 문제라고 지적하고 '방법-초월적 방법(The Beyond-Method Method)'을 강조한다. 상담자가 방법과 목표를 설정하고 그 방향으로 내담자를 안내할 수 있는 권리를 가지고 있지 않기 때문이다.[16]

이스라엘 출신의 철학상담자 랜 라하브(Ran Lahav, 1954-현재)도 역시 철학상담을 학문으로서의 철학과 다른 것으로 보고 과정에 관심을 가져야함을 강조한다. 그는 철학상담의 실천이란 내담자의 정서, 행동, 사고, 희망, 욕구, 전체적인 존재방식 등에 의해 이

---

15 다양한 현대 철학상담 이론과 방법을 소개하고 있는 라베의 철학상담 개론서가 국내에 번역되어 있다. P. Raabe, 『철학상담의 이론과 실제』 (김수배 역), 시그마프레스, 2010.

16 아헨바흐의 철학실천에 대해서는 다음의 책을 참조할 것. D. Brandt, 『철학실천』 (김재철 역), 경북대학교출판부, 2016, 23쪽.

해된 세계, 즉 "체험적 이해(lived understanding)에 기초한다고 보고 이러한 체험을 공유한 철학상담사를 "결론을 열어 두는 철학적 대화의 파트너"로 규정한다.

　인간에 대한 전체적 이해가 정신적 고통을 이해하는데 무엇보다 중요한 것을 현대 정신의학에서도 인정하는 변화의 조짐이 보여주고 있다. 그동안 인간이 겪고 있는 정신장애의 원인을 유전과 뇌구조에서 찾는 '외인성 정신장애', 그리고 경험으로 인해 형성된 무의식적 심리구조에서 비롯되는 '심인성 정신장애'로 구분하던 기존의 입장을 바꾸어 2013년부터 인간의 실존적 위기에서 비롯되는 '정신인성 신경증(noogene Neurose)'이 정신적 고통의 원인으로 인정되고 있다.[17] 위에서 본 것처럼 삶의 의미와 실존적 문제에서 비롯된 정신적 고통에 대한 접근은 이제 인간의 자기이해를 고유한 주제로 삼고 있는 '철학'의 과제와의 연관에서 다루어지고 있다.

　우리는 누구나 정신적 고통을 겪으며 살아간다. 자신이 겪고 있는 고통의 원인을 찾기 위해 수많은 전문가들에게 의지한다. 어떤 영역의 정신적 고통은 우리의 지각 밖에서 만들어지는 원인에서 비롯된다. 우리의 전두엽이 하얗게 굳어가고 있다는 사실을 우

17　DSM-5는 '정신인성 신경증'을 정신질환으로 분류함으로써 삶의 의미와 실존적 문제로 인한 정신적 고통도 정신의학의 치료대상으로 포함시키고 있다.

　　　　　　　　　　　　　　철학으로 마음의 병 치유하기

리 스스로 지각하는 것은 쉽지 않다. 두뇌의 백화현상은 신경의학자의 진단에 의존해야만 한다. 그러나 인간이 경험하는 정신적 고통의 많은 부분은 자신이 스스로 만들어내는 고통들이다. 불안, 좌절, 혐오, 시기, 질투, 탐욕 등과 같이 우리의 정신을 갉아먹는 수많은 정신적 어려움은 약물에 의존해 잠시 고통을 멈추는 방법으로 해결할 수 있는 것이 아니다. 우리는 잠시만이라도 침잠하여 자신의 내면을 들여다보는 시간을 가진다면 누구나 자신이 겪는 고통의 원인과 스스로 마주할 수 있으며 그로부터 자기치유의 과정은 시작될 수 있다. 이러한 출발점에서 진정한 자기를 찾아가는 과정에 철학은 동반자 또는 상담자로서 도움을 줄 수 있다. 이것을 우리는 뒤에서 오래전부터 철학을 통해 자기치유와 자기강화를 실천하며 삶을 살아내는 능력과 지혜를 터득한 현자들과 그들의 도움을 받은 증인들을 통해 확인할 수 있다.

철학을 통해
마음의 병 치유하기

철학 이전에 고대인들은 자연의 광막한 힘 앞에서 경이로움과 함께 두려움을 가지고 살았다. 오늘날 과학적으로 설명되는 자연현상들을 그들은 신들의 힘으로 여기고 자신들의 생로병사와 희로애락을 그러한 신적 질서에서 이해하려고 하였다. 미개하고 야만으로 보이지만 이성보다는 감성을 투사하여 이해한 신화적 질서에 순응하고 자연의 이치를 따르며 불안과 고통의 문제를 해소하였다. 아리스토텔레스가 인정하고 있듯이 이러한 신화 속에는 그들의 삶의 지혜가 담겨있다. 오늘날 인정이 말라버린 경쟁사회와 기계에 노예가 된 현대와는 다르게 비판이론가 아도르노가 강조하고 있듯이 신화 속에는 그들의 과학과 의학이 있었다. 샤머니즘, 사제, 마술 등은 오늘날 비과학으로 보이는 거짓치료로 여겨지지만 그들의 제식에는 인간의 고통에 대한 깊은 지혜와 치료법이 담겨있다. 이러한 지혜는 이미 철학상담의 태곳적 형태를 띠고 있다. 이에 대해서 우리는 고대의 신화 문학 『길가메시 서사시』에서 철학상담의 원형으로 찾아볼 것이다.

고대철학자들은 형이상학적으로 이분된 두 세계론을 상정하고 현세적 삶의 고통과 죽음의 의미를 초월적 세계와의 관계에서 이해하였다. 초월적 세계가 고향인 영혼은 현세에 육체의 파편에 갇혀 감각적 유혹으로 인해 혼탁해지며 마음의 고통을 겪는다. 따라서 고통의 치유는 마음의 정화를 위한 금욕과 감각적 것을 초월한 진리의 추구가 치유의 과정이 될 수 있다고 여겼다. 이런 점에서 소크라테스(Socrates, BC 470-399)와 플라톤(Platon, BC 427-348)은 철학적 대화라는 형식을 통해 인간이 육체의 욕망으로부터 벗어나 정신적 자유로움을 누릴 수 있도록 도와주는 과제를 수행했다. 이러한 전통을 계승한 에피쿠로스학파, 스토아학파, 견유학파와 같은 헬레니즘 철학자들은 정신적 고통이 없는 진정한 행복과 건강한 삶을 위해 무정념, 절제된 쾌락, 금욕, 평정심, 무소유 등과 같은 덕을 삶에서 실천하려고 노력하였다. 이후 로마의 철학자 세네카(Lucius Annaeus Seneca, BC 4-65)와 키케로(Marcus Tullius Cicero, BC 106-43)는 고대철학의 치료적 계기를 수용하여 난세에서 겪을 수밖에 없는 삶의 불안과 덧없음을 스스로 견뎌내고, 나아가 친구와 동료에게 편지 상담을 통해 감정조절 장애, 우울증, 자기도취 등에 대한 정신치료에 도움을 주는 삶의 기예를 제시하였다. 고대에서 철학이란 삶의 지혜와 진리에 대한 추구로서 그것은 곧 의식의 확장, 자기인식의 심화, 의식의 초월적 능력을 고양하는 것이었다.

이런 점에서 고대 철학자들은 정념과 무지로 인한 마음의 혼란을 정신적 질병으로 보고 이를 치유하는 방법으로 철저한 자기인식의 능력, 그리고 타자와 세계의 관계에 대한 깊은 성찰에서

철학으로 마음의 병 치유하기

획득되는 정신적 자유로움을 근본적인 치유로 보았다. 이처럼 철학적 탐구는 '너 자신을 알라!'라고 하는 소크라테스의 명언처럼 자기기만으로부터 벗어나는 진정한 자기발견에 있다. 이러한 고대의 지혜는 2천년 뒤 자기 내면의 절망과 불안을 "자기됨"의 과정을 위한 역동적 계기로 여긴 키에르케고르(Søren Kierkegaard, 1813-1855)의 실존주의 철학으로 전승되었으며, 정신의학자 야스퍼스의 "실존조명"이라는 철학적 의미의 정신병리학으로 발전되었다. 이 책에서는 야스퍼스와 얄롬의 정신치료에 나타난 철학상담을 다루기 전에 고대철학의 치료적 계기를 종합적으로 수용하여 억울함과 분노, 죽음의 불안을 극복한 보에티우스(Anicius Manlius Boethius, 480-524)의 『철학의 위안』을 철학상담의 고전적 전형으로 다룰 것이다.[18]

고대철학이 집중했던 마음의 병에 대한 성찰, 덕의 가치와 행복 그리고 죽음의 예비학과 관련된 치유의 이론은 논리학과 인식론, 이론적 윤리담론에 집중했던 근대철학의 등장과 함께 약화되었다. 오히려 철학이 등한시 했던 상담의 과제를 대신 떠맡아 치유의 문제에 집중한 것은 심리학과 정신의학이었다. 특히 정신분석학의 발전은 근대철학이 간과했을 뿐만 아니라 이성적이고 논리적으로 접근할 수 없는 무의식이라는 정신적 영역을 발견하고 그로부터 정신병을 과학적으로 규명하는데 기여하였다. 의학

18   Anicius Manlius Boethius, 『철학의 위안』 (이세운 역), 필로소픽, 2016.

과 연관하여 신경해부학은 뇌와 신경세포의 생물학적 기능을 통해 정신적 활동을 설명하려고 시도하였다. 이처럼 인간 정신의 본질을 무의식에 기초한 정신분석과 신경 및 뇌에 대한 자연과학적 관점에서 보는 경향이 우세해지면서 마음의 병을 치유하는 본래의 철학적 과제는 그 기능과 역할을 잃어버린 것처럼 보였다.

그러나 1, 2차 세계대전 이후 철학에서도 큰 변화가 일어났다. 근대의 자연과학적 인간과 세계이해의 문제점을 비판하고 삶의 의미가 담긴 생활세계와 인간실존의 본래성에 대한 관심이 증대하면서 현상학, 해석학, 실존철학이 힘을 얻기 시작하였다. 앞 장에서 살펴본 것처럼 당시 자연과학적 정신의학과 경험적 심리학에 종사하던 학자들도 이러한 철학을 수용하면서 실존주의 및 인문주의를 표방하는 새로운 정신의학과 및 심리학이 속속 등장하기 시작하였다. 이러한 분위기에서 그동안 의학 및 심리학에 무관심했던 철학에서도 치료적 관점의 철학실천 운동이 세계 전역에서 전개되고 있다. 이 책에서는 이러한 변화에서 중심적인 이론과 실천을 제시한 야스퍼스와 얄롬을 통해 철학상담의 고유한 의미가 무엇인지를 소개할 것이다.

1. 신화 속에 나타난 철학상담

바빌로니아의 대표적인 문학작품 『길가메시 서사시』에

는 불사의 약을 찾기 위해 모험을 감행하는 전설적인 영웅 길가메시가 주인공으로 등장한다. 모든 것을 다 가진 강력한 힘을 가진 왕 길가메시는 그의 오만을 꺾으려는 신이 보낸 야수 엔키두와 결투를 벌인다. 그러나 둘은 막상막하의 결투를 벌이다 서로에게 반하고 깊은 우정을 맺는다. 길가메시의 오만을 꺾으려는 신의 계획은 실패한 것처럼 보였다. 그러나 그 계획은 전혀 다른 방식으로 전개되었다. 사랑하던 친구 엔키두가 전쟁에 나가 그만 죽게 된 것이다. 부족한 것 없던 길가메시에게 친구의 죽음은 그를 순식간에 세상에서 가장 불행한 사람으로 만들어 버렸다. 모든 것을 정복할 수 있다고 자신만만했던 길가메시에게 깊은 상실감과 함께 자신을 불행에 빠뜨린 죽음이라는 괴물이 등장한 것이다. 이후 슬픔과 허무 속에 빠져 있던 그는 죽음을 극복할 수 있는 방도를 찾아 나선다. 최고의 영웅도 결국 죽을 수밖에 없다는 사실에 공포심을 느낀 것이다.

길가메시의 서사는 죽음의 공포가 인간에게 가장 본질적인 정신적 불안과 연관되어 있음을 보여주는 인류 역사상 가장 오래된 기록 중의 하나이다. 강력한 힘을 가진 길가메시 왕도 죽음이라는 한계상황 앞에서는 정신적 불안을 가지게 된 것이다. 그는 불사의 방법을 알고 있다는 우트나피쉬팀이라는 노인을 만난다. 그 노인은 7일 동안 잠을 자지 않고 자신의 이야기를 들어주어야 불사초가 있는 곳을 알려주겠다고 제안한다. 그러나 길가메시는 우트나피쉬팀의 이야기를 듣다가 사흘 만에 잠들어 버린다. 우트나피쉬팀은 그 모습을 보고 말한다. "잠도 못 참으면서 죽음을 어찌

극복하려고 한다는 말인가?" 잠을 참는 테스트에서 실패했음에
도 불구하고 길가메시는 결국 바다 밑에 있는 불로초를 손에 넣
고 고단했던 몸과 마음의 피로를 풀기 위해 샘물에 목욕을 하고
잠시 잠이 들었다. 잠이 든 그 시간과 장소는 짧은 동안 무릉도원
에서 누리는 삶과 같았을 것이다. 그러나 그것도 잠시였다. 잠든
사이에 죽을 고비를 넘겨 구한 영생의 약초를 뱀이 와서 먹어 버
린 것이다. 결국 그는 힘들게 구한 영생의 기회를 놓치고 허무하
게 빈손으로 고향으로 돌아오고 말았다. 이러한 결말에서 길가메
시는 무엇을 깨달았을까? 죽음을 극복하려던 자신에게 던졌던 우
트나피쉬팀의 말이 뇌리에 떠오르지 않았을까?

『길가메시 서사시』는 4,600년 전에 만들어진 태곳적 이야기이
다. 하지만 철학상담의 관점에서 본다면 그 이야기는 죽음이라는
한계상황 앞에서 자기존재가 소멸하는 것에 대한 불안으로 고통
받는 인간의 모습을 그대로 보여준다. 우트나피쉬팀 노인은 죽음
의 공포 때문에 불안해하는 길가메시에게 인간에게 잠이 필요한
것처럼 죽음 역시 삶의 중요한 일부분이라는 사실을 알려주는 상
담자의 모습을 보여주고 있다. 신화의 형식을 빌려서 상담자는 오
늘날 우리에게 가장 본질적인 정신적 고통으로서 죽음을 대하는
삶의 태도가 어떠해야 할 것인지에 대한 지혜를 깨치도록 도움을
주고 있다. 죽음의 불안을 자신의 힘으로 극복하기 위해 불사초를
찾아 헤매는 길가메시는 과학과 기술을 통해 마음의 병을 치료하
는 약을 제공하려는 현대 의학과 닮아있다. 반면 다른 방식으로

철학으로 마음의 병 치유하기

죽음의 의미를 이해하도록 깨우침을 주는 우트나피쉬팀은 전형적으로 정신적 고통을 상담하기 위해 찾아온 내담자를 대하는 상담자의 모습을 보여준다. 이러한 과정은 인간의 정신적 고통을 치료하고자 하는 의학의 모습뿐만 아니라 고래로부터 삶의 지혜를 추구하는 철학의 역할을 떠올리게 만든다.

2. 철학상담의 고전적 전형: 보에티우스의 『철학의 위안』

보에티우스(Anicius Manlius Boethius, 480-526)는 로마의 명문가에서 태어나 어릴 때부터 고대 그리스 철학을 수학한 철학자이자 동고트족 테오데리히 대제가 통치하던 시절에 신임을 받아 집정관에 중용될 정도로 승승장구하던 정치가이었다. 그는 집정관으로서 로마인과 고트족 사이를 중계하는 역할을 맡았다. 그러나 고트족의 권력보다 동로마 황제의 전통적인 권위를 더 높이 평가하고 그와 협력한다는 모함을 받아 고소를 당해 대반역죄로 재산을 몰수당하고 사형판결을 받고 투옥된다. 『철학의 위안』은 바로 그가 옥중에서 쓴 책이다. 책의 제목처럼 보에티우스는 억울함, 분노, 좌절, 절망, 공포, 불안의 감정에 휩싸인 힘든 시간을 보내면서 그가 평생 공부해왔던 철학을 통해 위로, 즉 치료를 받는다. 이 책을 통해 우리는 철학이 이론적 사변에 그치지 않고 상담과 치료로서 절박한 삶의 위기를 위해 결정적인 도움이 될 수 있음을 확인할 수 있다. 대화 형식으로 된 이 책은 총 5권으로 이루어져 있다. 여기서 대화는 의인화된 철학과의 대화를 의미한다. 여기에서 철학은 감정 속에 빠져 허우적거리고 있는 나의 다른 나를 의미한다. 이런 점에서 이 책의 대화 형식은 철학상담이 강조하는 자기치료 및 자기강화를 잘 보여주고 있으며, 철학상담자의 역할과 상담과정이 어떠해야 하는지를 가르쳐주고 있다.

1권의 첫 장면은 철학과의 만남으로 시작된다. 낙담과 실의에 빠진 보에티우스에게 철학은 어릴 때 자신을 키워준 유모처럼 따뜻한 음성으로 속삭이며 다가온다. 처음에 철학은 보에티우스가 기억상실에 빠져있다고 진단한다. 그것은 어린 시절부터 배워온 철학이 이론에 불과한 것이 아니라 바로 이 순간에 필요한 것임을 알려주는 것이기도 하다. 대개 우리는 자신이 당한 절체절명의 위기 앞에서 침잠하며 자기를 성찰하기란 사실상 어렵다. 이러한 진단에 따라 철학은 강한 처방 이전에 약한 처방부터 시작한다. 2권으로까지 이어지는 이러한 처방은 보에티우스가 억울한 처지에 대한 슬픔과 분노, 좌절과 절망의 감정을 되짚어 보는 과정으로 진행된다. 플라톤의 대화편에 나오는 문답처럼 그는 자신과 대화하면서 자신의 삶을 성찰하며 절망 속에 빠진 자기를 거리를 두고 바라보게 된다. 이러한 상황을 그는 시와 산문으로 표현하며 한탄한다. 죄인이 받아야 할 처벌을 결백한 자들이 받고, 사악한 자들이 고귀한 자의 목을 조르고 있는 현실에 대해 그는 참을 수

철학으로 마음의 병 치유하기

없는분노와 억울함을 분출한다. 그러한 부조리한 현실로 인해 자신이 실각하여 권력과 명예를 잃고, 명성과 즐거움, 삶의 쾌락을 추구할 수 없는 나락에 떨어져 있는 상태가 되었기 때문이다.

이처럼 자신의 불운을 한탄하며 슬퍼할 때 철학은 사람들이 추구하는 행복의 요소가 덧없음을 일깨워준다. 이와 연관하여 철학은 행복을 불운과 행운에 따른다는 운명론을 설파하는 철학을 "나쁜 의사"라고 비판한다. 이것은 보에티우스가 그의 책 곳곳에서 보여주고 있듯이 철저하게 철학을 치료의 차원에서 보고 있음을 의미한다. 어떻게 보면 보에티우스는 통상적으로 말하듯이 운이 나쁜 사람이다. 자신의 위기가 불운에 의한 것이라면 더욱 억울했을 것이다. 불운을 한탄하는 보에티우스를 꾸짖으며 철학은 햇빛과 비처럼 운명은 모두에게 항상적인 것이며, 행복은 운명의 여신이 행운과 불운을 주기 때문이 아니라고 말한다. 오히려 철학은 역설적으로 행운은 사람의 정신을 현혹하고 불운은 불행의 단련을 통해 사람들을 현명하게 할 수 있다고 말한다.

3권에서 철학은 여전히 불행하다고 한숨짓는 보에티우스에게 행복이 무엇인지를 자문하게 한다. 점차 철학은 처방의 강도를 높이고 있다. 다시 말해 보에티우스는 자기와의 대화에서 행복에 대한 철학적 논증을 강화하고 있다. 그렇다면 참된 행복이란 무엇인가? "모든 좋은 것이 모여 완성된 상태가 행복이다." 그렇다면 그러한 행복은 어떻게 확인될 수 있는가? 통속적으로 행복의 원천이라고 여겨지는 것들은 돈, 권력, 명예 등이다. 그러나 그것들은 그 자체로 고유한 가치를 지니고 있는 것이 아니다. 그것들은 사람들의 생각에 따라 때로는 광채를 얻기도 하고 때로는 잃어버리기도 한다. 따라서 보에티우스는 참된 행복은 절대적이고 불변하는 최고선을 추구할 때만이 이러한 행복이 성취된다고 스스로 답한다. 선을 추구하는 방식에 따라 선한 자와 악한 자도 구별된다. 선한 자는 본성적으로 선한 것을 추구하지만 악한 자는 욕망에 따라 선을 추구한다. 물질과 육체의 선을 추구하는 악한 자는 최고선을 추구할 의지는 물론 능력조차 없다. 악한 행위를 한다는 것은 결국 본성적으로 선한 것을 추구하는 능력의 약함에 나오는 것이다. "악한 자들이 아무리 잔혹한 짓을 저지른다 해도 지혜로운 자의 월계관을 떨어뜨릴 수 없다." 자기대화에서 보에티우스는 자신을 모함하고 형벌을 내린 이들이 스스로 선을 행하지 못하는 자신보다 유약하고 자제력이 부족한 자들로 불쌍히 여기며 억울한 마음을 위로한다. 그럼에도 보에티우스는 자신의 가혹한 운명을 완전히 받아들이기는 어려웠다.

4권과 5권에서 보에티우스는 더욱 강한 철학적 논증을 전개한다. 그것은 철학이 주는 마지막 치유로서 최고선, 즉 신의 섭리를 깨닫는 것이다. 신이 있다면 왜 이런 악과 악인 존재하는가? 우리는 정말 억울한 순간에 이런 질문을 던지게 된다. 아우슈비츠 수용소에서 순진무구한 어린아이조차 가스실에 끌려가 죽는 것을 보고 사람들은 아마도 이러한 질문을 던졌을 것이다. 그럼에도 철학은 최고선을 위한 신의 다른 목적을 이해하도록 보에티우스를 이끈다. 이것은 철학과 신학에서 변신론(辯神論)에 해당되는 주제와 연관된다. 변신론은 신이 호의를 가지고 만든 세계에 악이 있는 이유를 변호하는 것이다. 일찍이 스콜라철학자들은 신이 선과 악을 동시에 세계의 원리로 만든 것이 아니라 악은 선의 결여라고 설명하였다. 이후에 독일의 철학자 라이프니츠(Gottfried Wilhelm von Leibniz, 1946-1716)는 그의 변신론에서 악을 세 가지로 설명한다. 첫째는 신으로부터 창조된 모든 것의 유한성을 악으로 보았다. 둘째는 태풍, 지진, 쓰나미와 같이 자연에서 일어나는 악이다. 이 악을 신은 인간을 경책하고 자연 질서를 회복시키기 위해 선용한다는 것이다. 셋째는 인간의 자유의지로 인한 악이다. 신은 자유의지로 인해 인간이 죄를 저지를 수 있지만 다른 한편으로 선한 자들의 완덕을 위해 자유의지를 선물로 주었다는 것이다.

이처럼 어려운 변신론의 문제를 보에티우스는 자신이 당하는 고통을 해명하기 위해 다루고 있다. 보에티우스도 자신의 고통이 "인내하는 습관과 훈련으로 정신의 덕을 단단하게 만들기 위한 것"으로 받아들이기 시작한다. 자신에게 고통을 가하는 악한 자들을 통해 신은 자신을 강하게 만들고 있다고 여긴다면 오히려 그들은 신의 섭리를 위해 선용되고 있는 것이며 따라서 그들을 증오할 필요가 없으며, 악한 자를 처벌하지 않는 신을 원망할 필요도 없게 된다. 이처럼 신의 섭리를 받아들이면 우주의 질서와 인간만사가 필연적인 신의 법칙에 연결되어 있으며, 결국 신의 질서에서는 악한 것들도 선하게 될 수 있다는 깨달음을 얻게 되며 마음의 평안을 찾을 수 있다. 여기에서 더 나아가 보에티우스는 자신에 묻는다. 이제는 더 이상 고통의 문제가 아니라 인간 존재 자체에 대한 물음으로 고양된다. 신의 섭리 앞에서 인간의 자유는 없는 것인가? 모든 것이 앞서 내다보는 신의 계획대로 진행되고 있다면 인간의 계획과 행동 또한 결정되어 있는 것이기 때문이다. 이에 대해 철학은 인간의 이성이 신의 지성에 도달할 수 없는 유한한 것임을 깨닫게 만든다.

철학은 말한다. "감각은 질료를 넘어서는 것에는 힘을 발휘할 수 없고 경험은 보편성을 통찰하지 못하며 이성은 형상을 포착하지 못하지만 신의 지성은 위에서 내려다보는 것처럼 형상을 파악한 후에 감각이나 경험, 이성이 알 수 없었던 형상 자체를 파악하는 방식으로 아래에 있는 모든 것 역시 구별한다." 이 말에는 플라톤의 철학이 고스란히 담겨있다. 간단히 말해 인간의 이성능력은 신의 지성에 미치지 못한다는 것이다. 또한 인간의 의지는 신의 절대적 필연성이 아니라 조건적 필연성에서만 작동될 수 있다는 것이다. 그러나 인간의 자유의지조차 최고선을 위한 신의 절대적 필연성에 속해 있는 한 결코 무의미한 것이 아님을 상기하도록 하고 있다. 따라서 인간은 신 앞에서 겸손해야 하며 최고선을 위한 신의 섭리를 믿고 악덕을 거부하고 덕을 쌓는데 노력해야 하는 것이다. 여기에서 우리는 신에 대한 종교적 이해도 엿볼 수 있지만 아테네의 법정에서 자신을 변호하다 죽음을 앞에 두고 제자들에게 육체의 감옥에서 벗어나 다시금 영혼의 자유를 얻는 희

철학으로 마음의 병 치유하기

망을 말하면서 평안하게 독배를 받아든 소크라테스의 모습을 보에티우스에게서 볼 수 있다. 마지막에 보에티우스는 이렇게 말한다. "정신은 여기 이 땅을 가볍게 여기고 이 세상을 위에서 바라볼 때까지 끝없이 나의 고향을 향해 가리라."

보에티우스처럼 우리는 철학을 의사이자 상담사로 여기며 자신과의 대화를 할 수 있을까? 죽음을 앞에 두고 고립된 유배지에서 그가 의지할 수 있는 유일한 대화 파트너로서 철학과의 대화를 수행하며 자기치유를 위해 글을 쓴다는 것 자체가 우리에게는 거의 불가능한 일이다. 또한 운명, 행복, 선과 악, 자유의지, 최고선, 신 등과 같은 철학적 주제를 논증적으로 전개하며 자신의 고통의 원인을 분석하고 그에 대한 해결책을 스스로 찾아간다는 것도 쉽지 않은 것이다. 대화에는 소크라테스와 플라톤, 신플라톤주의자, 세네카 등과 같은 수많은 철학자와 현자의 지혜가 녹아들어 있을 뿐만 아니라 그것을 자신의 실존적 위기와 연결시키고 있다. 우리는 이러한 철학을 이해하기도 어려우며 이해한다고 해도 실천하기도 쉽지 않을 것이다.

그럼에도 『철학의 위안』은 철학상담이 무엇인지 어떻게 해야 하는지에 대한 전형으로서 많은 시사점을 주고 있다. 일차적으로 철학상담에서는 이 책에서 등장하는 철학의 역할을 상담자가 맡게 된다. 상담자는 보에티우스가 보여주고 있는 것처럼 깊은 철학적 이해와 그것을 상담에 실천적으로 적용할 수 있을 만큼 자기치료의 경험을 가진 자가 수행해야 할 것이다. 그리고 이 책은 엄

밀하게 본다면 자신이 자신과 나누는 대화의 구조를 가진다. 따라서 이 대화는 외적인 일방적 전달이나 가르침이 아니라 점차 내면 깊숙이 들어가는 자기성찰의 구조를 가지고 있다. 자기성찰에 들어가기 위해서는 감정에 휩싸인 자기를 가다듬는 자기와의 거리두기가 필요하며 점차 철학적 자기성찰로 들어가야 한다. 이처럼 상담자는 내담자의 정서적 상태를 공감하며 라포를 형성하는 약한 처방으로 출발하여 점차 당면한 문제의 핵심을 건드리는 강한 처방을 위한 단계를 형성해야 한다. 이때에도 중요한 상담자의 역할은 내담자가 자신의 문제를 주체적으로 성찰할 수 있게 하는 동반자 및 안내자이어야 한다.

이를 위해서는 보에티우스가 위기 속에서 철학을 잠시 망각한 것을 기억나게 해주듯이 상담자는 성찰할 수 있는 우리 자신의 내면적 힘을 믿도록 일깨워 줄 필요가 있다. 『철학의 위안』에서 철학은 자기성찰의 중요성을 이렇게 말한다. "너의 길을 바깥에서 찾지 말고 안에서 찾아라. 너 자신보다 가치 있는 것이 있는가? 너 자신을 강하게 한다면 어떤 것도 너를 빼앗을 수 없을 것이다." 이처럼 철학상담은 자기성찰을 도와주는 자로서 궁극적으로 보에티우스처럼 자기와의 대화를 통해 스스로 자기강화를 할 수 있게 해야 한다. 이처럼 철학상담의 최종목표는 자기치료를 할 수 있는 삶의 능력을 배양하는 것이라고 할 수 있다.

철학으로 마음의 병 치유하기

3. 야스퍼스의 실존적 정신병리학

인간의 정신병을 자연과학적 입장에서 접근하던 기존의 정신의학과는 달리 철학적 접근을 통해 이해하려는 철학상담의 모델은 전체로서의 인간에 대한 이해를 강조하는 야스퍼스의 실존철학에서 가장 잘 드러나고 있다. 원래 하이델베르크 대학에서 의학을 공부한 정신과 의사였던 야스퍼스는 정신병에 대한 탐구에 깊이 들어갈수록 개별적 인간, 즉 실존에 대한 이해가 절실하게 요구되는 것을 직접 체험하면서 이에 필요한 자신의 독자적인 철학을 형성하였다. 이러한 형성과정은 20세기 초 유럽의 의대생들이 교과서로 사용했다고 알려진 정신병리학을 집필하고 개정해가는 과정에 잘 나타나고 있다. 주목해야 할 것은 야스퍼스가 의학자로서 그러한 작업이 필요하다는 것을 인식하였을 뿐만 아니라 자신의 체험을 통해 철학적 자기치유의 가능성을 스스로 확인한 사례였다는 점이다. 이러한 체험적 이해와 그에 따른 이론의 형성이 오늘날 실존조명이라는 철학상담을 위한 훌륭한 모델을 제시할 수 있는 밑거름이 되었다.

3-1. 야스퍼스의 실존적 삶과 『정신병리학 총론』

『정신병리학 총론』을 처음 저술할 때 야스퍼스는 자연과학에 기초한 의학자의 입장에 따라 다양한 정신병에 대한 규정과 관련된 치료방법과 이론을 설명하였다. 그러나 이후 그 책의 개정판이 보여주고 있듯이 그는 인간 존재를 전체적으로 드러내기 위해서는 물리적, 생물학적, 심리적 영역을 넘어서 사회적, 역사적, 정신적, 세계적, 초월적 차원을 포괄할 수 있는 통찰의 필요성을 절감하였다. 이를 위해 그는 경험주의적 과학이론으로 대상화할 수 있는 "현존적 차원"을 넘어서 가치, 의미, 이념, 자유, 초월자 등과 같이 대상적으로 규정할 수 없는 영역을 위한 접근방법에도 관심을 가졌다. 이러한 접근방법은 자기존재에 대한 직접적 경험, 즉 실존조명을 통해서만 가능한 것이다. 야스퍼스는 실존조명의 가능성을 현존적 차원과 대비되는 "실존적 차원"에서 해명하고, 그동안 정신의학이 이러한 차원을 무시해온 것에 대해 문제를 제기함과 동시에 다른 한편으로 전통철학도 현존적 차원에 대한 연구에 관심을 기울이지 않았다는 것을 비판한다. 이에 대해 그는 현존적 차원과 실존적 차원이라는 양 날개를 통해서 인간 존재 전체를 이해할 수 있음을 확신하였다. 특히 정신병리학자로서 야스퍼스는 기존의 정신의학과 심리학의 한계를 극복할 수 있는 실존적 차원의 해명에 깊은 관심을 가지고 집중적인 연구를 수행하였다.

이런 점에서 현재 우리가 접하고 있는 그의 『정신병리학 총론』은 정신병에 대한 의학적 연구의 한계를 철학을 통해 보완함과 동시에 융합시킨 독특한 이론으로서 '실존적 정신병리학'을 최초로 정립한 저서라고 할 수 있다. 나아가 철학상담의 관점에서는 정신의학의 연구를 반영하여 철학으로 마음의 병을 치유하는 길을 개척한 최초의 저서이기도 한다. 이러한 저서를 쓰게 된 배

철학으로 마음의 병 치유하기

경에는 이론적이고 학문적 관심을 넘어 야스퍼스가 자신의 한계 상황에서 자기존재를 조명하며 정신적 고통을 치유한 실존적 경험이 반영되어 있다. 이를 설명하기 위해서 그의 생애와 학문적 변화과정에 대해 살펴볼 필요가 있다.

야스퍼스는 1883년에 독일 북부 올덴부르크에서 태어났다. 그의 아버지 빌헬름 야스퍼스는 대학에서 법학을 전공한 뒤 주 의회 의원과 지역 은행장을 역임한 명망가였다. 아들 야스퍼스도 아버지의 길을 따라 1901년에 프라이부르크 대학에서 법학을 전공하였다. 하지만 야스퍼스는 어린 시절부터 병약한 몸으로 인해 심한 고통을 겪었다. 대학생활이 시작되자마자 그는 친척인 프랜켈 (Albert Fraenkel, 1864-1938)[19] 박사로부터 왼쪽 폐의 화농 증상으로 인해 오래 살지 못할 것이라는 진단을 받았다. 당시의 의학적 수준과 평균수명을 고려한다면 선천적인 질병을 가진 야스퍼스는 언제 닥칠지 모르는 죽음을 매 순간 직면해야 하는 실존적 위기 속에서 살아야 했다. 젊은 시절에 겪어야 했던 폐 질환의 경험은 이후 야스퍼스에게 '죽음'이라는 한계상황이 실존적 자기이해를 위해 얼마나 중요한지를 인식하는 계기가 되었다.

법학에 큰 흥미를 느끼지 못했던 야스퍼스는 결국 의학으로

---

19   프랜켈은 훗날 강심제 치료법을 개발해 세계적으로 저명한 의사가 되었다. 야스퍼스와 프랜켈은 평생 편지를 주고받으며 우정을 나누었고, 야스퍼스가 의학을 전공으로 선택하는데 많은 영향을 끼쳤다.

전공을 바꾸기로 결심한다. 언제나 자신의 죽음을 의식하고 살아야 했던 야스퍼스에게 죽음과 고통의 문제는 삶의 방향을 전환하는 실존적 결단의 계기가 된 것이다. 야스퍼스는 하이델베르크 대학에서 의학을 공부하고 1908년부터 하이델베르크 정신병동에서 프란츠 니슬(Franz Nissl, 1860-1919) 박사의 조교로 근무하였다. 당시 하이델베르크 대학의 정신병동은 유럽 정신의학계의 중심지로서 니슬과 함께 에밀 크래펠린(Emil Kraepelin, 1856-1926)과 같은 정신의학의 개척자들이 왕성한 연구 활동을 펼치고 있었다. 특히 크래펠린은 당시까지 단순한 질병으로 인식되던 정신적 질병을 원인과 증상별로 세분화하여 질병분류체계를 정립했다. 그의 질병분류 체계는 오늘날에도 질병분류편람 DSM-5의 기준으로 사용되고 있다. 당시 정신의학계는 해부학 및 생리학을 중시하는 자연과학적 입장이 주도하고 있었으며, 하이델베르크 대학의 학문적 분위기도 이를 따르고 있었다. 이런 환경 속에서 야스퍼스는 1913년에 『정신병리학 총론』 1판을 출판하였다.

이 책이 출판될 당시 유럽의 정신의학계는 위에서 살펴본 것처럼 베르니케[20]로 대표되는 뇌신경 해부학적 정신의학의 경향과 프로이트의 정신분석학이 지배하고 있었다. 실어증 증상이 뇌의

---

20   베르니케는 독일의 신경정신과 의사로 뇌의 청각피질과 시각피질로부터 전달된 언어정보의 해석을 담당하는 뇌의 특정 영역인 베르니케 영역을 뇌의 좌반구에서 찾아낸 것으로 유명해진 뇌 해부학의 권위자이다.

특정 부위와 연관되어 있다는 베르니케의 연구는 인간의 정신적 작용을 뇌의 신경세포의 활동으로 설명하는 가설을 가능하게 하였다. 이것은 정신적 질환이 뇌신경조직의 이상에서 비롯된다는 것을 의미한다. 반면 프로이트는 인간의 정신이 무의식의 지배를 받는다는 가설을 세우고 무의식의 억압으로 정신적 질병이 발생한다는 정신분석학을 정립하였다. 정신에 대한 베르니케와 프로이트의 이론은 지금까지도 정신의학과 심리학의 역사에서 전기를 마련한 중요한 이론으로 인정받고 있다. 베르니케 이후 뇌신경해부학은 오늘날 더욱 발전하여 많은 정신병의 원인과 진행과정을 밝혀주고 있다. 그리고 프로이트의 정신분석학도 인간의 무의식과 심리의 다층적 측면을 이해할 수 있는 계기를 제공하였다.

그러나 야스퍼스는 처음부터 베르니케와 프로이트의 방법이 인간의 정신에 대한 본질적인 이해가 될 수 있는가에 대해서는 의구심을 가졌다. 야스퍼스가 『정신병리학 총론』을 집필하던 20세기 초반만 해도 인간의 정신에 대한 이론들은 개별적 영역에 머물러 있어서 포괄적인 체계를 갖추고 있던 것은 아니었다. 이러한 상황을 감안하더라도 야스퍼스는 프로이트와 베르니케의 이론이 보여주고 있는 것처럼 인간의 정신을 뇌의 물질적 변화 또는 무의식의 억압구조를 통해 설명하려는 결정론적 입장에는 동의할 수 없었다. 인간은 물질 또는 무의식의 영향을 받지만 자기 존재를 매순간 선택하는 자유로운 존재이며, 과거와 현재의 상황을 초월하여 미래를 기획하는 가능적 존재이기 때문이다. 따라서 야스퍼스는 인간의 정신에 대한 문제를 온전히 드러낼 수 있기 위해서는 초월적인 가능성을 가진 자유로운 인간의 존재방식에 대한 통찰, 즉 인간의 본질에 대한 철학적 접근이 필요함을 절감하였다.

인간의 정신에 대한 철학적 해명의 필요성으로부터 초기에 자연과학적 정신의학과 정신분석학의 지배적인 분위기에서 집필되었던 『정신병리학 총론』은 삶 자체에 대한 이해를 위한 철학적 방법으로서 해석학과 현상학을 수용하면서 점차 변화되기 시작하였다. 그러나 야스퍼스는 그것만으로는 부족함을 느꼈다. 그는 다시금 이전에 다루었던 논의를 전체적으로 반성하면서 "인간 존재 전체에 대한 물음"을 다시 묻게 된다. 이 과정에서 그는 최종적으로 실존조명이라는 자신의 실존철학을 내용을 담은 개정판을 다시 출판해야 했다. 이러한 작업과 함께 야스퍼스는 1916년에는 하이델베르크 대학에서 의학이 아닌 심리학 교수가 되었고, 1920년에는 철학계의 강한 반대가 있었지만 그의 독특한 실존적 정신병리학이 독자적인 철학적 가치를 담고 있다는 업적을 인정받아 같은 대학의 철학과 교수로 변신하게 되었다. 그러나 정신의학에 대한 연구를 완전히 중단한 것이 아니라 오히려 1942년에 의학과 철학, 특히 정신의학과 실존조명이라는 자신의 철학적 입장을 구체화시켜 『정신병리학 총론』의 4번째 개정판을 출판하게 된다.

이 개정판에는 야스퍼스가 정신병리학과 철학을 융합했던 학문적 변화만이 아니라 그러한 변화를 수용할 수밖에 없도록 만든 자신의 실존철학적 경험이 담겨있다. 야스퍼스는 "실존조명"이라는 철학적 자기이해를 설명하면서 자신과 무관한 일반적 상황과 다르게 인간을 자기존재에 직면하도록 일깨우는 "한계상황", 즉 죽음, 병, 투쟁, 죄의식을 강조한다. 이러한 한계상황을 핵심적인 내용으로 하는 그의 독특한 실존적 정신병리학은 한계상황에 직면한 자신의 사례를 그대로 반영하고 있다고 해도 과언이 아니다. 앞서 언급한 것처럼 야스퍼스는 어린 시절부터 병약하여 시한부 인생을 살 수밖에 없던 한계상황과 대면하며 병과 죽음에 대한 불안에서 끊임없이 자기존재에 대한 염려 속에서 살았다.

교수가 된 이후에도 야스퍼스는 암울한 시대에서 실존적 불안과 절망을 야기하는 처절한 한계상황을 그의 부인과 함께 겪을 수밖에 없었다. 야스퍼스는 하이델베르크 의대에서 만난 친구 에른스트 마이어의 여동생 게르트루트 마이어(Gertrud Mayer, 1879-1974)와 결혼하였다. 게르트루트 마이어는 어린 시절 동생과 친구의 죽음을 경험하고 간호사의 길을 걷다가 철학에 관심을 가지게 된 여성이었다. 그녀는 병약한 야스퍼스의 고통을 잘 이해하고 그의 실존철학에 깊이 공감하며 소통했던 평생의 동반자였다. 그러나 그녀는 유태인이었다. 나치즘이 독일 사회를 지배하면서 야스퍼스는 심각한 시대와의 불화를 겪는다. 유대인 부인 때문에 나치의 감시를 받으며 언제든 강제수용소에 끌려가 죽을 수 있었기 때문에 그는 최후의 순간에 부인과 함께 존엄하게 죽기 위해 독약이 든 목걸이를 차고 다녔다고 한다. 존경받던 교수로서의 삶을 박탈당하고 언제 끌려가 죽을지 모르는 이 시기에 야스퍼스 부부는 불안과 공포로 인한 정신적 고통을 어떻게 극복했을까?

야스퍼스는 이러한 정신적 고통을 견디어 낼 수 있는 치유력이 어떤 외적인 도움보다는 자기존재에 대한 깊은 성찰, 즉 실존조명에서 나오는 것임을 스스로 확인하였다. 실존조명의 실천, 즉 자기존재의 성찰이라는 "철학함"이 의학 및 심리학의 치료와는 달리 절망과 고통을 승화시키는 자기강화 및 자기치유의 과정에 도움을 줄 수 있었기 때문이다. 야스퍼스 부부는 혹독한 실존적 위기를 겪으며 각자 진정한 실존에 이르도록 서로 도우는 소통, 즉 야스퍼스의 표현에 따르면 "사랑하는 투쟁"이라는 철학적 상담을 수행했던 것이다. 이런 의미에서 야스퍼스의 정신병리학에는 실존철학적 자기이해라는 본인의 체험적 사례가 담겨있다고 할 수 있다.

서슬이 퍼런 혹독한 나치시절을 지나면서 야스퍼스가 자기 생애의 마지막 작업이 될지도 모른다고 생각하며 집필했을『정신병리학 총론』의 네 번째 개정판이 1942년에 출판된 것을 고려한다면 인간이 한계상황을 통해 자기존재를 조명하게 된다는 그의 사상은 단순한 이론이 아니라 한계상황의 체험 속에서 확인된 것이다. 이러한 관점에서 우리는 다시금『정신병리학 총론』의 결론부에 해당되는 6부의 제목이 왜 "인간 존재 전체"이며, 그 내용으로 기존의 "정신병리학에 대한 반성"(1절), "인간의 본질에 대한 물음"(2절), "정신의학과 철학"(3절)을 다루고 있는지를 이해할 수 있다. 이 책의 마지막 부분에서 정신병은 "인간 존재에 대한 전체적 이해"를 수행하는 철학적 통찰에서 근본적으로 파악될 수 있으며, 이로부터 외적인 치료와 처방 이전에 자기성찰을 통한 자기강화가 정신적 고통의 문제를 해결될 수 있는 방안이 될 수 있음이 확인되고 있다.

그렇다고 해서 그가 기존의 신경해부학적 입장이나 정신분석학을 전면적으로 부정하는 것은 아니다. 인간의 존재는 육체에 근거한 생물학적 존재이면서, 심리적 존재라는 측면을 가지기 때문이다. 이와 동시에 인간은 타자와 관계하는 사회적 존재이며 미래를 향한 역사적 존재이자 도덕적이고 종교적인 가치 추구를 정신적 존재이다. 이러한 의미에서 야스퍼스의 철학에서 주요한 용어인 '포괄자(das Umgreifende)' 개념이 등장한다. 이에 따르면 경험적 이론으로 모든 것을 설명하려는 현존의 관점에서의 포괄자가 있을 수 있다. 그리고 경험적 이론을 초월하여 자유롭고 가능적인 실존적 차원에서 모든 것을 이해할 수 있는 포괄자가 있을 수 있다. 그러나 이 포괄자들은 분리되어 있는 것이 아니라 인간의 자기존재를 조명하기 위해서는 소통적 이성이라는 포괄자를 통해 전체적 관점에서 연결된다. 자기조명이라는 소통적 이성의 전체적 통찰을 수행하는 철학함을 통해서 자기존재에 접근하는 과정에서 인간은 자기의 한계 및 문제와 연관된 정신적 고통을 이해할 수 있게 된다.

야스퍼스는 1937년에 아내 게르트루트와의 이혼을 거부했다는 이유로 교수직을 박탈당했다. 이후 여러 곳에서 교수초빙과 강의 제안이 있었으나 나치의 방해와 유대인 아내의 여행 금지령으로 인해 거절할 수밖에 없었다. 급기야 1945년 4월 14일 야스퍼스 부부는 강제수용소에 끌려갈 예정이었지만 4월 1일 하이델베르크에 미군이 진주하면서 구출되었다. 하이델베르크 대학 교수로 복권된 이후 야스퍼스는 독일사회의 윤리적이고 정치적인 문제와 대학의 혁신에 관한 주제에 집중하며 독일의 정신적 변화를 위해 노력하였다. 이와 연관하여 그는 자신이 겪었던 나치시대의 홀로코스트를 떠올리며 1946년에 『죄의 문제』를 다룬 책을 출판하였다. 이 책을 통해 야스퍼스는 여전히 반성을 하지 않고 있는 독일사회를 강하게 비판하며 이에 대한 경종을 울리려고 시도하였다.

이 책에서는 인간이 자기존재에 이를 수 있는 계기로서 "죄책(Schuld)"의 한계상황이 다루어지고 있다. 인간은 법률적인 책임만이 아니라 도덕적인 의무와 죄책감, 나아가 정신적이고 종교적인 의미의 형이상학적 죄의식을 가질 수 있는 존재이다. 한계상황 속에서 이러한 죄의식은 인간으로 하여금 진정한 자기존재로 비약을 할 수 있는 계기가 된다. 이러한 계기로부터 야스퍼스는 운명을 함께 할 수 있는 인류 공동체의 의식이 함양될 수 있음을 강조한다.[21] 이러한 전 세계적 과제를 철학적으로 실현하고자 하는 희

---

21   K. Jaspers, Die Schuldfrage: Von der politischen Haftung Deutschlands,

망을 가진 야스퍼스가 볼 때 독일은 여전히 국수주의적 입장을 보이고 있으며 대학의 개혁은 미미하였다. 이에 대해 실망하면서 야스퍼스는 좋은 조건의 교수직의 제안과 수많은 사람들의 만류에도 불구하고 1948년에 스위스 바젤 대학으로 옮겨간다. 이후에도 그는 수차례 독일 대학의 초빙을 받았으나 단호히 거절하였으며 독일로 돌아가지 않았다.

3-2. 실존조명과 자기초월

지구가 둥글다는 사실을 알지 못했던 사람들은 바닷가에서 보이는 수평선 너머에는 낭떠러지가 있어서 배가 떨어질지 모른다는 공포를 가지고 있었다. 따라서 어느 누구도 그 너머까지 배를 몰고 가려 하지 않았다. 그런데 어느 용감한 뱃사람이 수평선까지 항해를 하는 모험을 감행하였다. 바닷가에서 사람들은 수평선 넘어 그의 배가 더 이상 보이지 않게 되자 그가 낭떠러지로 떨어졌다고 생각했다. 용감한 뱃사람은 자신의 배가 해변과 점점 멀어지면서 어느 순간 육지가 보이지 않자 공포에 사로잡혔지만 그 순간 더 멀리 펼쳐진 수평선 속에 자신이 둘러싸여 있다는 사실을 알고 놀랄 수밖에 없었다. 먼 바다로 나오기 전까지 그 뱃사람은 해안에서 바라보이는 수평선 내에서 살아왔으며, 수평선의 끝이 그가 사는 세상의 전부였다.

München 1965; 『죄의 문제: 시민의 정치적 책임』(이재승 역), 앨피, 2014.

그러나 이제 그는 보이는 수평선의 경계를 넘어 먼 바다에 나아가도 추락하지 않는다는 사실을 깨닫게 된다. 이로써 그의 세상은 이전의 한계를 초월하여 더 넓어졌다. 바닷가에서 배가 사라지는 것을 지켜보던 마을 사람들도 세상의 끝에서 추락했을 것이라고 생각했던 사람이 돌아온 모습을 보고 자신들이 생각했던 것과 다른 세상이 있을 수 있다는 상상하게 되었다. 다시 말해 이제 그들은 기존에 살아왔던 세상을 초월하여 더 넓은 세상으로 향할 가능성을 가지게 된 것이다. 한계를 초월하는 경험을 통해 자신의 존재에 대한 이해도 변하게 된다. 주어진 한계를 넘어설 때 오는 공포와 절망은 오히려 더 넓은 세상을 경험할 수 있는 계기를 부여하고 초월적 가능성을 향한 결단으로 자기존재가 변화될 수 있다는 것을 깨닫게 하는 것이다. 야스퍼스는 이처럼 한계를 넘어서는 자유롭고 가능적인 실존의 본래성을 인간 정신의 초월성에서 찾고 이것을 다음과 같이 기술한다.

우리 인간은 언제나 하나의 지평 속에 살고 그 속에서 사고하지만 하나의 지평에만 머물러 있지 않다. 우리는 획득한 지평을 넘어 끊임없이 더 넓은 지평으로 초월한다.[22]

야스퍼스에 따르면 우선 인간은 주어진 조건 속에서 살아갈

---

22   야스퍼스, 『이성과 실존』, 서문당, 1999, 85쪽.

수밖에 없는 상황-내-존재이면서도 그 상황을 초월하여 자기존재의 비약을 수행할 수 있는 탁월함을 가지고 있다. 인간은 물리적이고 생물학적 조건에서 살아가며 사회적 환경에 따라 심리적 영향을 받는다. 그러나 그러한 조건과 환경이 만든 상황의 한계에 매어있지 않은 자유롭고 가능적인 존재이다. 인간은 한계에 대한 불만족과 나아가 그것을 넘어설 경우에 닥칠 미지의 세계에 대한 불확실성으로 인한 불안을 넘어서 초월을 감행할 수 있을 뿐만 아니라 그로부터 지평의 개방 및 확장과 더불어 자기존재를 변화시켜 나갈 수 있다. 따라서 이것을 야스퍼스는 "인간 존재 전체"의 관점에서 포착해야 할 것을 주장하고 있다. 이에 따르면 인간 존재 전체에 대한 포착은 대상적 관점 또는 현존적 관점에서는 제한적일 수밖에 없다. 따라서 실존의 자유로움과 가능성을 대상화할 수 없다면 그것은 완성된 것이 아니라 끊임없이 비약적으로 자기를 이행해야 하는 자기존재를 통해서 조명되어야 한다. 거기에서 자신이 가지고 있는 한계를 딛고 비약할 수 있는 존재가능성이 이해될 수 있다.

이처럼 진정한 자기존재란 과학적 언어로 설명되거나 합리적 이성으로 규정될 수 있는 것이 아니기에 자기 자신을 통한 성찰을 통해 이해되어야 한다. 그런 점에서 야스퍼스는 자기존재를 알아가는 과정에서 드러나는 인간의 자기이해를 '실존조명 (Existenzerhellung)'이라고 부른다. 위에서 예로 들었던 뱃사람이 수평선의 경계를 경험한 후에 자신의 존재가 그동안 주어진 환경에 제한되어 있었다는 사실을 깨닫고, 그 한계를 넘어서 비약하는 것처럼 인간은 자신을 제약하고 있던 한계에 직면하는 순간 진정한 자신과 마주하게 된다. 한계에 대한 인식이 곧 그 한계를 뛰어넘는 계기가 되는 것이다. 바로 이러한 실존조명을 통한 비약적 계기의 가능성으로부터 현존적 조건과 환경으로 인한 심리적 장애와 고통 및 근본적인 인간의 정신적 불안이 극복 또는 치유될 수 있다.

예를 들어, 한계상황에 대한 인식으로서 죽음을 생각해 보자. 우리는 모든 사람이 죽음을 피할 수 없다는 것을 알고 있다. 그러나 진정으로 죽음을 이해하기는 힘들다. 살아있는 모든 존재는 결코 죽음을 경험하지 못한다. 우리가 가지고 있는 죽음에 대한 지식은 모두 간접적인 경험과 전달일 뿐이다. 마치 아이스크림을 먹고 있는 사람의 모습을 보면서 그 아이스크림의 맛을 추측하는 것과 같다. 아이스크림을 먹어본 사람으로부터 맛에 대한 설명을 들어도 그 맛을 알지 못할 것이다. 심지어 죽음은 죽음을 경험한 사람을 만날 수 없다는 점에서 간접적으로도 그것을 안다는 것은 사실상 불가능하다. 이처럼 죽음에 대한 불완전한 인식에도 불구하고 한 가지 명확한 사실은 우리 인간은 모두 죽는다는 것이다. 언제 죽을지는 불확실하지만 죽음이라는 피할 수 없는 한계상황에 직면할 것이라는 사실만은 확실하다. 하지만 우리에게 특정한 계기가 주어지지 않으면 자신의 죽음에 대한 한계상황을 인식하는 것은 쉽지 않다. 대부분의 사람들은 자신이 죽을 수밖에 없는

철학으로 마음의 병 치유하기

존재라는 사실을 이성적으로는 알고 있으나 진정한 자기존재의 한계상황으로 받아들이지는 못하고 있다. 그 인식은 단지 일반상황에 대한 지식에 머물러 있기 때문이다.

만약 어떤 직장인이 회사 동료와의 갈등, 노후준비 부족으로 인한 불안, 주위 친구들에 대한 열등감 등으로 괴로워하다가 불치병으로 6개월 정도밖에 살 수 없다는 시한부 판정을 받게 된다면 그 사람은 어떤 생각을 하게 될까? 지금까지 자신을 괴롭혔던 모든 문제들에 대해 그것이 진정으로 자기존재를 위해 결정적으로 중요한 것이었는지, 아니면 자기존재와는 무관하거나 부차적이고 사소한 것이 아니었는지를 생각해 보지 않을까? 나아가 이러한 물음을 포함하여 지금까지 살았던 세월이 진정 자신의 행복을 위한 시간이었는지를 돌아보지 않을까?

불치병과 같은 한계상황의 경험을 통해 자신의 삶이 유한하다는 것을 비로소 인정하지 않을 수 없게 되기까지 사람들은 평소 '모든 사람은 죽는다'는 일반적인 지식으로만 받아들일 뿐 자기존재의 가능성으로서 죽음을 생각하지 않는다. 일상 속에서 사람들은 우선 대개 물질적 욕망, 사회적 성공, 타인의 시선과 같은 지극히 현실적인 욕구와 관심을 충족시키기 위해 살아간다. 그러나 자기의 죽음 앞에서 내가 가진 그 무엇으로도 죽음을 해결할 수 없고, 나와 관계하는 그 누구도 나의 죽음을 대신해 줄 수 없다는 한계상황을 경험했을 때 비로소 진정한 자기존재를 온전히 인식하게 된다. 야스퍼스는 자기존재와 연관된 한계상황을 통해 비약적으로 일반상황을 넘어서는 이러한 인식을 "자기초월"이라고 말한다. 자기초월을 통해 인간은 지금까지 현존적 세계의 욕망과 소유 및 사회적 관계에 얽매여 있었지만 한계상황을 통해 본래적 자기존재, 즉 실존에 대한 자각을 하게 된다. 한계상황은 부정적인 것처럼 보이지만 근본적인 자기를 경험하게 하는 '실존조명'의 가능성을 열어주는 긍정적 계기이다.

현존적 세계에서 인간의 정신이 겪고 있는 많은 고통들은 사실상 실존조명의 관점에서 볼 때 자기존재를 희생시키며 얻은 산물일 수 있다. 그러나 그러한 산물에 집착하며 그 속에서 자기존재를 확인하려 한다면 한계상황에 직면하는 순간 그 모든 것이 무의미한 것으로 무화되는 실존적 공허에 빠질 수 있다. 현존적 조건들(생명, 재화, 타자)은 인간의 생존을 위해 필수불가결한 것이다. 그러나 인간 실존은 그것을 초월하여 자기존재를 추구한다.

사회에서 우리는 다른 사람과의 경쟁에 뒤처지지 않기 위해 열심히 노력하고 있다. 이때 우리는 성공하기도 하고 실패하기도 한다. 그리고 우리는 한편으로 보람과 성취, 다른 한편으로 좌절과 열등감을 가질 수 있다. 중요한 것은 그 경쟁이 궁극적으로 자기존재를 위한 과정과 수단이며 목적 자체가 아님을 아는 것이다. 따라서 중요한 것은 자신의 소유와 지위가 자기존재 전체를 의미하는 것이 아니라는 사실이다. 성공해서 얻은 것 또는 실패해서 잃은 것에 자기존재 전체를 건다는 것은 문제가 될 수 있다. 연예인이 자기존재를 대중의 인기에서 확인한다면 인기가 사라질 때 자기존재도 사라질 것이다. 인기가 사라질 것에 대한 불안과 공포를 극복하기 위해서는 현존적 차원을 초월한 자기존재를 볼 수 있는 실존조명이 요청된다. 이를 통해 정신적 고통의 치유를 위한 가능성이 열릴 수 있다. 이처럼 많은 마음의 병들은 자기존재에 대한 조명, 즉 야스퍼스가 말하는 '철학함'을 통해 치유될 수 있다.

3-3. 한계상황과 자기치료

캄캄한 어둠의 공간 속에 그냥 떠 있다. 몸도 존재하지 않고 오로지 의식으로만 존재한다. 아무것도 느껴지지 않고 아무것도 생각나지 않는다. 내가 느낄 수 있는 것은 오로지 나의 의식뿐이다. 내가 존재하는 것이 확실한지도 모르겠다. 다른 무엇인가가 존재한다면 그것에 대응해 내가 존재하는 것인데 이 세상에 오로지 나만 존재한다. 나의 의식 속에 타자의 흔적이 생성된 적은 없다. 고로 나는 나를 의식할 수는 있어도 존재하는지 확신할 수 없다.

그런데 어느 날 내게 얼굴이 생겨났다. 처음에는 코가 생겨 숨을 쉴 수 있었다. 나 외의 존재를 몸 안으로 집어넣음으로써 사물에 대응되는 내가 존재한다는 것을 확인할 수 있었다. 눈과 귀가 생겼다는 사실은 알 수 없었다. 눈을 움직일 수는 있었지만 빛이 없었기에 눈이 있다는 줄 몰랐다. 소리가 없었기에 귀가 생겼다는 사실을 몰랐다. 어느 순간 소리가 들렸다. 무언가 미세한 사각거림이 느껴지면서 공간을 느낄 수 있었다. 멀리서 들리는 소리와 가까이서 들리는 소리가 달랐다. 그리고 입이 생겼다. 내가 만들어내는 소리를 내 귀가 들을 수 있었고, 혀로 나의 살을 핥아서 맛을 느낄 수 있었다.

그 다음 순간 손발이 자라났다. 처음으로 내가 내 몸을 만져보고 어떻게 생겼는지 알게 되었다. 나에게는 손과 발과 머리와 몸통이 있었다. 그리고 빛이 생겨났다. 나의 몸은 더 이상 허공에 떠다니지 않고 서서히 내려와 땅에 발이 닿았다. 이제 좀 더 강한 빛이 생겨나고 나는 주위를 볼 수 있었다. 푸른 숲과 땅과 하늘과 태양과 바람이 부는 곳에 나는 서 있었다. 처음으로 나 이외의 움직이는 존재들을 만났다. 가까이 다가와 내 손을 핥아주는 존재들은 나의 친구가 되었고, 날카로운 발톱으로 나를 할퀴는 존재들은 피해 다녀야 한다는 것을 알게 되었다. 차가운 물이 나의 기분을 상쾌하게 만든다는 사실도, 부드러운 풀을 모아서 몸 위에 두르면 따뜻함이 느껴진다는 사실도 알게 되었다.

내가 사는 세상이 나에게 다가와 나는 이제 내가 되었다. 친구들이 생겼고 나는 배를 채우고 사랑을 나눴다. 그리고 슬픔과 질투와 분노를 알게 됐다. 그렇게 시간이 흘러갈수록 내 안에 내가 사는 세상이 더 많이 들어와 나는 더 복잡해졌다. 나는 나를 통해 나를 느끼지 않는다. 나는 세상을 통해 존재하며, 세상의 일부가 되기 위해 살아간다. 이제 어

철학으로 마음의 병 치유하기

둠 속에 고요히 떠 있던 나는 기억나지 않는다.[23]

인간은 자신이 살아가는 세계 속에서 존재한다. 감각을 통해 세계를 느끼고, 그 속에서 의식을 만들고 나를 형성한다. 지구가 평평하다고 믿었던 사람들은 '평평한 세계 속에서 사는 사람'들이 되어간다. 자신이 느낄 수 있는 '지평'이 자신을 형성하는 세계의 전부였다. 야스퍼스는 세계 속에서 존재하며, 세계와 대립되는 존재로서의 '나'를 '현존재'라고 칭했다. 현존재로서의 인간은 시간과 공간 속에 머물며 외부세계에서 주어지는 감각적 자극과 일상적 욕망을 충족하며 살아간다. 철학적으로는 굉장히 어렵게 풀어서 설명하고 있지만, 실은 하루하루 월급날을 기다리며, 인터넷 쇼핑에 몰두하는 우리 모습이다. 사회적인 성공과 물질적 보상, 타인의 관심을 위해 자신의 존재를 대가로 아낌없이 지불하는 인간이다. 자신이 욕망하는 것을 얻기 위해 살아간다고 생각하지만, 자신의 욕망이라는 것마저 실상은 세상에서 만들어진 타인의 가치를 수용한 것에 불과하다. 내가 명품을 원하는 것은 타인들이 욕망하기 때문이다. 내가 성공한 삶이라고 생각하는 가치도 타인들의 가치를 받아들인 것이다.

타인들에 의해 만들어진 욕망과 가치를 획득하기 위해 우리는 하루하루 자신의 삶을 소모해가며 세상과 투쟁한다. 세상과의 투

---

23   필자가 직접 만든 사례: 나라고 생각하는 나는 과연 나인가?

쟁은 필연적으로 우리에게 상처와 좌절을 경험하게 만든다. 우리는 그 상처를 욕망으로 덮어가며 애써 외면한다. 그렇게 세계의 일부로 살아가는 '현존재'가 인간의 모습이다. 그런데 어느 순간 생각해보면 엄청난 손해를 보고 있다는 사실을 깨닫게 된다. 나는 세계 속에서만 존재할 수 있지만, 내가 존재하지 않는다면 세계도 없다. 나는 세계의 일부이지만 세계의 한계를 초월함으로써 새로운 차원으로 도약할 수 있는 가능성을 가진 거대한 존재이다.

평평한 세계 속에서, 그 세계가 추구하는 욕망을 자신의 욕망과 동일시하며 세계의 일부분으로 살아가던 현존재가 자기가 살아가는 세계에 의문을 품고 지평을 넘어서게 된다고 생각해보자. 그 순간 그는 평평한 세계에서 살던 존재에서 둥근 지구 위의 존재로 도약한다. 세계의 변화는 존재를 변화시킨다. 그리고 평평한 세계에서 자신을 지배하던 욕망은 아무런 의미를 가지지 못한다. 가난한 시절 가지고 싶었던 싸구려 시계가, 부자가 된 뒤에는 욕망의 대상이 될 수 없는 것과 같다. 평평한 지구 위에서 살아가던 존재가 새로운 세계를 경험한 뒤 자신의 존재를 성찰하게 된다. 우주에서 지구를 내려다본 우주인은 조그만 지구라는 공간 속에서 자신이 욕망했던 것들이 얼마나 보잘 것 없었는지를 깨달았다고 한다.

자신의 삶을 다른 차원에서 조명하기 위해 우주여행을 경험하는 것은 쉽지 않다. 하지만 다른 방식으로 우리는 언제나 세계의 지평을 넘어서는 비약을 경험할 수 있다. 야스퍼스는 친절하게 그

방법까지 설명해준다. 인간이 피하거나 극복할 수 없는 근본적인 상황이 존재한다. 야스퍼스는 이를 한계상황이라고 부른다. 가장 대표적인 한계상황이 바로 '죽음'이다. 모든 사람은 죽음을 피할 수 없다. 하지만 어떤 사람도 죽음을 경험한 적은 없다. 그래서 자신이 죽을 수밖에 없는 존재라는 사실을 많은 사람들이 망각하고 산다. 현존재로서의 욕망에 충실하며 사회적 성공과 물질적 풍요에 모든 인생을 바쳐왔던 사람이 시한부 생명을 판정받은 것처럼 죽음에 직면하면서 오히려 평소에 의식하지 못했던 삶의 가치를 확신하게 된다. 현존재로서 추구했던 욕망과 가치관들이 자신의 삶에서 부차적인 것들이라는 사실을 인식한다. 그리고 진정한 삶을 추구하게 된다. 이때 만나게 되는 진정한 자신의 모습이 바로 '실존'이다. 그러나 언제나 한계상황의 경험이 우리의 실존을 만나게 해주지는 않으며, 우리에게는 오로지 가능성만을 던져줄 뿐이다.

'메멘토 모리(memento mor)', 즉 "죽음에 대한 기억"은 진정한 삶을 만나게 해주는 계기가 된다.[24] 우리가 죽음을 앞둔 유한한 존

---

24   메멘토 모리는 엄격한 수도 생활과 평생의 침묵생활로 유명한 '트라피스트 수도회'의 수사들은 메멘토 모리라는 말로 인사를 대신한다. 이 말의 뜻은 이렇다. "죽음을 기억하라" 메멘토 모리, 그렇다 죽음을 기억하자. 죽음은 우리 가까이에 있다. 앞서가고 뒤에 가는 순서의 차이가 있을 뿐, 우리의 생은 서서히 죽어가고 있는 길일뿐. (최인회, <수상록>, 『한국 현대문학 작은 사전』, 2000, 97쪽.)

재라는 사실을 깨달을 때 우리 앞에 그것보다 더 절망적인 사건이 있을 수 있을까? 시한부 판정을 받은 사람은 미래의 행복을 위해 현재를 희생하지 않는다. 사소한 욕망의 충족을 위해 자신의 삶을 사용하려 들지도 않을 것이다. 타인에 대한 증오로 시간을 낭비할 수도 없다. 오로지 자신의 진정한 삶을 살아내기에도 부족하다는 생각이 들 것이다. 그런데 우리 모두는 정확한 시간을 모를 뿐 제한된 삶을 살고 있다. 죽음이라는 한계상황을 극복할 수 없다. 그렇다면 우리에게 제한된 삶을 가치 있게 사는 것보다 무엇이 더 중요할 수 있겠는가! 나는 내가 사는 '세계'에 의해 제한되는 현존이면서, 세계를 초월할 수 있는 초월적 존재이기도 하다. 이처럼 세계라는 개념으로 제한되지 않는 가능적 존재로서의 진정한 '나'를 야스퍼스는 실존이라고 불렀다.

감각적 욕망을 추구하기 위해 움직이는 현존으로서의 '나'는 타인들과 끝없는 현존적 투쟁을 벌인다. 투쟁의 목적은 생존과 욕망의 충족이다. 그러나 그 투쟁은 끝나지 않는다. 인간이 극복할 수 없는 한계상황이다. 끝없는 투쟁의 결과는 상처와 고통이다. 그런데 현존으로서의 '나'는 자신이 투쟁하고 있다는 사실도, 자신이 상처 입고 있다는 사실도 인식하지 못한다. 오로지 고통만을 느낀다. 당신이 삶 속에서 끊임없이 '질병으로 분류되지 않는' 정신적 고통을 느끼는 이유가 바로 이것이다. 진정한 자신을 발견하지 못하고 현존으로서의 자신에 머물러 있는 인간은 결코 고통에서 벗어날 수 없다. 그때의 고통은 실존적 공허로 인해 일어나는

철학으로 마음의 병 치유하기

것이다. 이러한 자기이해로부터 자기치료는 출발한다.

4. 빅터 프랑클의 의미치료

홀로코스트란 "완전한 불태움"이라고 직역될 수 있는 고대 그리스어의 어원을 가지고 있다. 좀 더 익숙한 용어로 바꾼다면 "번제"에 가깝다. 제물을 불로 태워 신에게 바치는 제사의식이다. 히틀러는 폴란드 아우슈비츠에 유대인 집단수용소를 만들고, 유럽 각지에서 체포한 유대인들을 강제구금하고 학살하였다. 이후 유대인의 대학살 사건을 사람들은 '홀로코스트'라고 불렀다. 600만 명의 유태인들이 히틀러의 나치치하에서 살해당했다.

바로 이러한 홀로코스트에서 유태인 의사였던 프랑클은 살아남았다. 어린 자녀들과 동생, 아버지, 아내 등 모든 가족이 수용소로 끌려갔지만 자신과 여동생만 기적적으로 생존하였다. 그 과정에서 그는 인간이 경험할 수 있는 가장 깊은 절망을 경험하였다. 일상화된 폭력과 죽음의 공포, 굶주림으로 인해 인간의 존엄성을 서서히 잃어가는 과정을 경험하게 된 것이다. 의사라는 이유로 그는 누구보다 오래 수용소에서 머물면서 자신을 포함한 수용자들이 삶과 죽음의 경계선에서 어떻게 절망하고 파괴되는지를 관찰할 수 있었다.

4-1. 프랑클의 한계상황과 의미치료

프랑클은 유대인 수용소에서 겪었던 한계상황의 경험을 『죽음의 수용소에서』라는 다음과 같이 기록하고 있다.

> 나는 막사 맞은편에 있었다. 얼어붙은 손으로 뜨거운 수프가 담긴 그릇을 들고 맛있게 먹고 있었다. 그러다가 우연히 창밖을 보게 되었다. 방금 밖으로 옮겨진 시체가 동태 같은 눈을 하고 나를 바라보고 있었다. 두 시간 전에 나와 이야기를 나누었던 사람이었다. 그러나 나는 곧 다시 수프를 먹기 시작했다. 그 당시에는 사실 아무런 감정도 불러일으키지 않았을 정도로 그런 광경이 무감각했다. [25]

그는 극한상황 속에서 자신과 동료 수용자들이 절망감 속에 어떤 정신상태에 있게 되는지를 직접 목격하고, 인간을 지탱시켜 주는 것이 다름 아닌 삶의 의미라는 사실을 깨닫게 된다. 그는 자신이 비참한 그곳에서 살아야 할 의미를 발견하지 못했다면 삶을 일찍이 포기했을 것이라는 점을 알고 있었다. 그는 정신과 의사로서 수만 명의 사람들이 죽음의 공포를 겪고 있는 이 상황을 기록으로 남겨야 한다는 사명감을 가지고 있었다. 그 사명감으로 인해 그는 혹독한 어려움을 겪으면서도 삶을 살아낸 것이다. 그리고 삶

---

25   V. Frankl, 『죽음의 수용소에서』 (김시형 역), 청아출판사, 2005년, 56쪽.

의 의미를 통해 홀로코스트의 공포도 이겨낼 수 있었던 자신의 경험이 인간 정신의 치유에 하나의 방향을 제시해 줄 수 있다고 믿고 정신의학적으로 적용할 수 있는 방법을 발전시켰다. 이를 통해 기존의 정신분석학이나 신경해부학적 관점과 구별되는 의미치료(로고테라피) 이론이 창안되었다.

프랑클은 인간이 신체와 심리(마음), 정신(영혼)의 세 가지 차원으로 구성되었다고 본다. 각각은 독립적인 것이 아니라 하나의 존재가 가지고 있는 다른 차원일 뿐이다. 그렇기 때문에 인간을 치유하고자하는 사람은 인간 존재의 세 가지 차원을 모두 고려해 치료에 임해야 한다. 그리고 정상과 비정상의 상태를 구분해 인위적으로 설정된 정상의 상태로 인간을 규정하려는 치료의 태도를 비판한다. 인간의 정신을 뇌신경학적 입장에서만 바라보는 의사가 있다면, 정신적 고통을 호소하는 환자가 있더라도 그가 뇌와 신경조직의 이상이 없는 환자라면 의사의 입장에서 건강한 사람이라고 분류하게 된다. 그리고 같은 환자를 정신분석학적 입장의 의사가 보게 된다면 심리적 원인으로 인한 고통을 겪고 있는 환자라고 평가할 수 있다. 그런데 뇌신경의 이상도 없고, 심리적 고통도 아닌 다른 종류의 고통을 느끼는 사람이 있다면 어떻게 될까? 사회적 성공에 너무 매달려 가족의 소중함을 잊고 살아가는 사람이 있다면, 또는 자신의 가치관에 너무나 확신이 커 다른 사람의 의견을 무시하는 사람이 있다면 그것은 정신적 질환인가 가치관의 문제인가?

우리는 주위에서 그런 사람들을 흔히 만나게 된다. 심지어 가족 중에서도 발견하게 된다. 그런데 그런 성격의 당사자는 오히려 고통을 느끼지 못하는 경우가 많다. 오히려 주위 사람들은 그 사람의 성격 때문에 고통을 느낀다. 본인은 자신의 상태로 인한 고통보다는 주위 사람들과의 마찰과 갈등으로 인한 고통이라고 생각하기 쉽다. 프랑클은 이러한 고통을 겪는 내담자들이 자신의 삶이 가지는 의미를 발견할 때 고통으로부터 벗어날 수 있다고 주장했다. 그의 이러한 노력은 오늘날 대안적 치료로 주목받고 있다. 그리고 야스퍼스의 인간 존재론과 문제의식을 기반으로 실존 조명을 통한 정신적 치유를 구체화시키고 있다고 평가받는다. 또한 프랑클은 뇌신경계의 생물학적 이상에서 비롯되는 정신질환이나 심리적 요인에서 비롯되는 심인성 질환과 구별하여 인간의 실존적 위기에서 비롯되는 정신인성 신경증의 개념을 제시하였다. 이로부터 실존적 허무로 인한 정신적 고통에 대한 치유가 정신의학계에서 주목을 받게 되었다.

4-2. 삶의 가치와 의미에 대한 물음

우리는 세상을 살아가면서 만나는 모든 사건과 사물의 의미를 이해할 수는 없다. '세상이 존재하는 이유' 같은 궁극적인 질문이 가지는 의미에 대해서 답을 내리는 것은 인간의 이성으로도 할 수 없다. 그러나 적어도 자신의 삶이 가지는 의미, 자신의 삶 속에서 만나게 되는 존재들과 사건들에 관해서는 진지하게 그 의미를

철학으로 마음의 병 치유하기

물을 수 있다. 이러한 의미의 물음을 묻는 중학생의 사례를 프랑클이 전해주고 있다.

> 어느 중학교 과학 선생님이 아이들 수업 시간에 인간을 비롯한 모든 생물의 삶은 결국 산화과정 내지 연소과정일 뿐이라고 이야기했다. 그러자 한 학생이 갑자기 벌떡 일어나더니 흥분한 목소리로 선생님께 물었다. "그렇다면 과연 이런 삶이 대체 무슨 의미가 있을까요?"[26]

우리가 지삶의 의미를 묻지 않는다면 그 의미가 그냥 다가오지는 않는다. 우리가 흔히 "태어났으니 산다"고 하는 말은 자조적으로 쓰인다. 막막한 현실에 대한 한탄이 섞인 표현이다. 하지만 나에게 주어진 삶의 의미는 평소 내가 생각하는 것 이상으로 큰 가치를 가진다. 자신의 존재를 생각해보면 경이롭지 않은가? 나의 근원을 거슬러 올라가면 그 뿌리가 어디까지 갈까? 조상의, 조상의 조상을 찾아가면 결국 우리는 최초의 인류에게까지 도달하게 된다. 그러나 그것이 끝이 아니다. 그 인류의 조상은 놀랍게도 35억 년 전 지구상에 출현한 첫 번째 생명체가 단 한 번도 끊이지 않고 후손을 만들고 진화해온 결과물이 바로 우리다. '나'라는 존재는 이처럼 생각보다 훨씬 경이로운 의미를 가지고 있다. 인간이

---

26   V. Frankl, 『영혼을 치유하는 의사』 (김시형 역), 청아출판사, 2005, 74쪽.

라는 신체적 존재가 가진 의미뿐만 아니라 우리가 하루하루를 살아가며 경험하는 모든 것들이 사실은 우리에게 의미를 가진다. 죽을 만큼 괴로운 사람에게도 사소한 일상의 즐거움이 삶의 소중한 의미로 기억될 수 있다. 유태인 수용소에서 죽음을 기다리던 수용자들도 저녁노을을 감상하기 위해 창문가로 모여들었다고 한다. 죽음을 앞둔 자가 노을을 감상한다는 사실이 믿기지 않는다. 그만큼 의미라는 것은 각자에게 상황에 따라 주관적이며 유일회적으로 느껴진다.

사람들은 자신이 가진 의미들을 하나의 체계로 형성하고, 타인의 체계와 비교해가며 하나의 질서를 만들어 간다. 야스퍼스는 이러한 의미 체계에 있어 서열을 부여하는 것에 대해 격렬히 반대했다. 하지만 쉘러와 프랑클과 같은 학자들은 서열을 명확히 하지는 않더라도 가치의 질서는 존재한다고 보았다. 삶에 있어 의미가 서열을 가지든 안가지든 하나의 질서와 체계를 형성하는 것에 대해서는 모든 사람들이 동의한다. 가만히 자신의 경우를 생각해 보자. 자신의 삶에서 의미 있는 것들을 떠올려 보면 상호연관성이 있기도 하고 경중이 있기도 하지 않은가? 우리는 이런 의미체계를 '가치'라고 부른다.

프랑클은 사람들이 가지는 가치의 범주를 세 가지로 정리했다. 우리는 수많은 사람들의 삶에 영향을 미치는 인생을 동경한다. 그렇지 못한 자신의 삶을 무의미하다고 여기기 쉽다. 자신이 살아온 과정에서 구체적으로 어떤 업적과 영향력을 행사하거나,

성과물을 만들어내는 것이 가지는 삶의 가치는 분명히 존재한다. 그는 이것을 '창조적 가치'라 부른다. 그러나 수백만 명의 운명과 관련된 정치인의 삶과 가족의 행복을 위해 임무를 다하는 소박한 사람의 작은 삶이 '창조적 가치'에 있어서 우열을 가지는 것은 아니다. 그리고 삶을 통한 성과와 창조적 결과만이 삶의 가치를 결정하는 것은 아니다. 자신이 좋아하는 화가의 진품 그림을 미술관에서 마주했을 때 전율을 느낄 수 있다면 우리의 삶은 또 다른 가치를 느낄 수 있다. 등산하면서 정상에 섰을 때 기쁨을 느낄 수 있다면, 또는 콘서트홀에서 자신이 좋아하는 교향곡을 들으며 매혹될 수 있다면 우리는 인생에서 '경험적 가치'의 순간을 느끼는 것이다. 그러한 경험만으로도 세상은 충분히 살만한 가치가 있다.

삶에서 창조적인 성취도 이루지 못하고, 자신이 의미를 부여하는 경험의 기쁨도 누리지 못한 채 감금된 삶을 생각해보자. 그런 삶을 통해서도 어떤 가치를 발견할 수 있을까? 가치를 제약하는 상황에 맞서는 태도가 새로운 가치의 영역을 만들어낸다. 괴로움 속에서도 용기를 잃지 않고, 몰락과 좌절에도 품위를 유지하는 사람이 비록 창조적 성취도 이루지 못하고, 의미 있는 경험 속에서 살지 못하더라도 충분히 가치 있는 삶을 살고있는 것이다. 프랑클은 이러한 세 번째 가치를 '태도적 가치'라고 정의했다.

우리는 자신의 삶에서 의미를 발견하기 위한 가치의 저울을 가슴 속에 품고 산다. 가치들을 서열화시킬 수는 없지만 주관적으로 자신에게 어떤 가치가 더 중요한 것인지를 그때마다 평가하고 선택한다. 그런데 가슴속에 있는 가치의 저울이 일관성을 잃어버리거나 가치 평가에서 명백한 오류를 일으키기도 한다. 우리는 타인들의 시선을 의식할 수밖에 없다. 그러나 자신이 좋아하는 가치인지 타인들이 선호하는 가치인지를 구별하지 못하면 자신의 저울은 작동을 중지한다.

가족의 행복을 위해 가족과 지내는 시간을 포기하고 회사 일에 파묻혀 사는 가장을 생각해보라. 그는 가족 내에서 자신의 역할을 '경제적인 역할을 수행하는 외부인'으로 설정한 것이다. 처음 그가 결정한 가치 판단의 기준은 '가족의 행복'이었다. 하지만 결국 아버지가 없는 가족을 만들어 버렸다면, 그가 가진 가치판단의 저울은 자기모순에 빠진 셈이다. 바로 이런 상황에서 인간의 정신은 고통을 느낀다. 자신의 행복보다는 타인이 눌러주는 '좋아요'를 추구하는 삶의 태도나 사랑과 신념 같은 근본적인 가치보다 경제적 성공을 더 높이 평가하는 것은 근본적으로는 자기 삶의 의미와 무관한 것으로서 실존적 공허라는 정신적 고통을 야기한다. 가치 저울의 고장으로 인한 정신적 고통은 기존의 정신의학에서 정신장애로 분류되지 않았다. 이제 우리는 이러한 고통에 관해서도 해결책을 모색해야만 한다.

철학으로 마음의 병 치유하기

제3부

우리 삶 속의 문제들

1. 자살문제

    2018년 한 해 동안 대한민국에서는 1만4,067명이 살해당했다.[27] 그중 397명이 타인에 의해 살해당했고, 1만3,670명이 자신에 의해 살해당했다. 하루 평균 1건의 살인사건이 발생하는 동안 37건의 자살이 발생했다. 2018년에 전국에서 교통사고로 사망한 4,671명의 3배에 달하는 숫자가 스스로 목숨을 끊었다. 2018년 사망한 사람 중 4.6%는 극단적인 선택을 한 것이다. 이것이 어떤 수치인지를 실감하려면 주위를 둘러보라. 시선 안에 20명의 사람이 보이는가? 직장이라면 사무실 안의 동료라도 상관없고, 지하철 안이라면 같은 차량을 탄 승객 중에 골라도 된다. 나의 시선에 들어온 20명은 지금 모두 열심히 살고 있지만 언젠가는 모두 죽게 될 것이다.

    그 중 5명은 암으로 사망한다. 그리고 20명 중의 한 명은 스스로 목숨을 끊는다. 고등학교 친구들의 안부를 물으면 친구들 중 한 명은 스스로 삶을 마감했다는 이야기를 듣게 될 가능성이 크

---

27   통계청, '2018년 사망원인통계', 통계청, 2018.

다. 이렇게 생각해보면 사망자 중 4.6%가 자살로 인한 사망이라는 통계의 의미가 얼마나 높은 수치인지 와 닿을 것이다. 물론 통계적인 이야기일 뿐이다. 하지만 우리 사회에서 자살의 문제는 그만큼 심각하게 다가와 있다. OECD 국가 중 가장 높은 자살률을 기록하고 있는 나라가 바로 대한민국이며, 21세기 들어 자살률 세계 1위를 계속 유지하고 있다.

자살은 강력한 모방효과가 있다고 알려져 있어 언론들은 자살 사건을 가급적이면 보도하지 않는다. 다만 연예인이나 유명인들의 경우에 자살사건이 발생할 경우에 기사화된다. 언론보도에서 자살과 관련해 언제나 언급되는 단어는 '우울증'이다. '자살자가 우울증 약을 복용해 왔다'는 말을 듣는 순간 자살의 원인은 명확해지는 느낌이다. 감기가 악화되어 폐렴에 걸렸다는 것처럼, 우울증이라는 질병이 악화되어 환자가 자살을 선택했다는 느낌으로 해석된다. 자살자가 자기 삶의 의미를 탐색할 기회를 한 번도 가지지 못한 채 살아왔다는 사실이나 어느 누구와도 진정한 자신을 드러낼 수 있는 관계를 맺지 못했다는 사실, 우리 사회 전체가 삶이 가지는 가치를 이야기하지 않고 오직 경쟁으로만 내몰았던 사실이 모두 '우울증'이라는 한 단어 뒤에 숨어버렸다. 자살자는 누구도 자신에게 삶의 의미를 묻지 않는 이 사회에 남아있을 이유를 찾지 못했을지도 모른다.

우울증이 자살의 직접적인 원인인지에 대해서는 다양한 의견이 있을 수 있다. 우울증이란 지속적으로 사고와 의욕, 행동을 저

철학으로 마음의 병 치유하기

하시키는 우울감이 거의 매일, 거의 하루 종일 나타는 증상을 의미한다. 사람들은 과도한 스트레스로 인해 우울감을 느끼기도 하지만, 신체적 질환이나 유전적 요인으로 우울감에 잘 빠져드는 사람들도 있다. 같은 수준의 스트레스에도 유전적 요인이나 신경학적 특성에 따라 다양한 우울감을 느끼게 된다. 1980년대 미국에서 플루옥세틴 계열의 우울증 치료제가 개발되면서 우울증에 대한 약물치료가 광범위하게 이루어졌다. 항우울제는 행복을 가져다주는 기적의 약처럼 받아들여지기도 했다.

그러나 항우울제의 부작용이 바로 자살충동이라는 의심을 받기도 했다. 오랫동안 항우울제를 복용해온 사람들이 흔히 자살충동을 경험했다는 증언이 나오면서 그와 관련된 사례를 모은 책이 미국과 유럽에서 화제가 되기도 했다. 그러나 자살을 생각할 정도로 삶의 공허를 느끼는 사람이 우울을 경험한 것인지, 우울감이 자살을 선택하게 만든 것인지, 약물이 오히려 자살을 부추긴 것인지, 약에 의존할 정도로 심각한 우울감이 자살을 일으킨 것인지 하나의 단일 원인으로 문제를 설명하고자 하는 시도는 순환논리의 오류에 빠진 듯하다. 정확한 것은 기생충이 숙주의 몸에 파고들 듯이 우울증이라는 실체가 인간의 정신을 조종한다는 생각은 인간이 만들어낸 허구적 상상일 뿐이라는 점이다.

야스퍼스는 20세기 초반 당시 독일 자살자의 10~20%만이 정신적 질병으로 인한 자살자라고 밝힌다. 우울증과 같은 정신적 질병이 자살의 직접적 원인이라면, '정신적 질병이 어떤 사회에서 갑자기 증가할 가능성이 있을까?'라는 의문을 가질 수 있다. 1990년 한국의 인구 10만 명당 자살자수(이하 조자살률)는 8.8명으로 세계적으로 낮은 편에 속했다. 그리고 20년 뒤인 2010년 한국의 조자살률은 31.2명으로 압도적 세계 1위가 된다. 그렇다면 그 기간 우리나라에 갑자기 전염병처럼 우울증이 퍼졌단 말인가? 우울증 유병율은 여성이 남성보다 두 배 가까이 높다. 그러나 조자살률은 남성이 여성보다 2.5배 높다. 과연 우울증을 자살의 직접적 원인으로 규명할 수 있을지 의문이 든다.

자살의 원인을 정신적 질병에서 찾으려 하는 시각은 고전적 정신의학에서부터 시작된다. 19세기 프랑스의 정신의학자 에스퀴롤은 "자살은 정신이상의 모든 특성을 보여주며, 인간은 정신착란 속에서만 자살을 시도하고 자살한 사람들은 정신적으로 이상이 있다"고 주장한다. 그의 견해는 오늘날까지 자살문제를 바라보는 시각에 강한 영향을 미치고 있다. 자살문제를 대하는 우리 사회와 정부의 입장도 '우울증을 치료하면 자살을 막을 수 있다'는 시각에 머물러 있다. 이러한 신경의학적 접근에 대해 "우울증 자체를 고통의 원인으로 취급하는 것은 문제의 결과를 원인으로 설명함으로써 인간의 정상적인 감정반응을 왜곡시켜 사회적 성찰의 기회를 축소시키는 결과"를 가져온다는 비판이 일기도 한다. 즉, 우울증이 자살원인으로 작용하는 것이 아니라 자살에 직면한 사람들이 우울증을 겪고 있을 가능성이 크다는 것이다.

우리는 자살자들이 자신을 살해하기 전에 명확한 징후를 보여

철학으로 마음의 병 치유하기

줄 것이라고 생각한다. 광적인 초조, 불안 증세를 보일 것이기 때문에 우리가 주의해서 살펴보면 막을 수 있었을 것이라고 생각한다. 그래서 가까운 사람이 스스로 목숨을 끊을 경우에 자신의 소홀함과 무심함을 자책하게 된다. 그러나 자살자들의 가족들이 기록한 책에 따르면[28] 자살 직전까지 정기적인 정신과 진료를 받아왔던 환자들도 자살의 징후를 전혀 보이지 않았다는 진술을 쉽게 찾을 수 있다. 우리가 상상하는 '자살자다움'의 징후는 영화나 문학작품에 나타나는 극적인 표현일지도 모른다.

인간의 정신은 다양한 측면에서 전체적인 이해를 통해서 접근해야 한다. 분명한 징후를 나타내고, 약물치료를 통해 극복될 수 있는 경우도 부정해서는 안 된다. 그러나 그 측면만 예상할 때 우리는 고통 받는 정신의 아주 중요한 순간을 놓치게 된다. 건물을 지탱하는 기둥과 벽이 뒤틀리고 갈라진다면 누구나 건물이 곧 무너질 것이라는 사실을 알 수 있다. 이런 건물을 보면 기둥을 보강하고 벽을 다시 쌓아주면 된다. 반면 구조물은 어떤 징후도 없는데, 건물을 받치고 있는 토대가 허물어진 경우도 있다. 겉에서 보기에는 아무런 이상이 없지만 건물이 서있는 땅은 씽크홀처럼 텅 비어있다. 이 건물은 언제나 한계에 직면해 있다. 약간의 충격에도 존재가 붕괴되어 버린다. 마치 자신의 삶이 가지는 가치와 의미를 잃어버린 실존적 공허에 빠진 인간과도 같다. 구조물 자체에

---

28 수 크리볼드, 『나는 가해자의 엄마입니다』 (홍한별 역), 반비, 2016, 참조.

서는 아무런 징후가 보이지 않지만 이미 존재의 토대는 모두 붕괴된 상태였던 것이다. 그에게 외부적 충격은 결단을 내려야 할 신호일 뿐이다. 무너진 토대 위에서 건물은 존립할 근거를 찾지 못한다. 그에게 필요한 것은 기둥의 보강이 아니라 존재를 뒷받침할 토대의 공허를 메우는 것이다. 그리고 그 땅 위에서 버티고 서 있어야 할 존재의 의미를 탐색해 주는 것이다. 자살을 생각하는 사람에게 필요한 것은 항우울제가 아니라 자신의 삶이 가지는 의미에 관해 대화를 나눌 수 있는 사람이다.

2. 불안과 죄책

판도라의 상자 바닥에 희망이 있었다면, 인간 정신의 가장 밑바닥에는 불안이 깔려 있다. 인간은 누구나 불안의 감정을 느낀다. 키에르케고르는 "불안을 느끼지 않는 자는 정신을 가지고 있지 않은 자"라고 말한다. 가만히 눈을 감고 생각해보라. 나는 불안으로 인해 고통 받고 있지 않은가? 더 많은 돈을 벌고 싶다는 욕망의 바닥에는 빈곤에 대한 불안이 자리 잡고 있다. 자신이 이룬 성취에 대한 불만은 그 성취가 사라질지 모른다는 불안으로부터 시작된다.

그리고 인간에게 있어 불안이 필연적인 고통인 것은 그가 자유로운 존재이기 때문이다. 인간은 자유로운 존재이기에 그 결과로 책임과 절망을 느낀다. 모든 선택의 순간마다 자신에게 자유가 주어짐을 아는 인간은 자신의 선택과 결과에 대한 불안을 필연적으로 느끼게 된다. 내가 무엇을 선택하건 그것은 나의 자유이기에 온전히 그 결과는 나의 책임이다. 그로인해 선택의 순간마다 우리는 자신이 내린 선택이 어떤 결과를 가져오게 될지에 대해 불안을 느낀다. 즉, 불안은 우리의 자유가 지불해야 할 비용인 것이다. 불안과 절망에 대해 성찰했던 키에르케고르는 불안을 "자유가 자신의 가능성을 들여다보다가 일으키는 현기증"이라고 표현하기도 했다.

불안은 그 대상이 없다는 것을 특징으로 한다. 대상이 존재한다면 그것은 공포의 감정이다. 자신의 잘못을 대상으로 한다면 그것은 죄책의 감정이다. 대상이 분명할 때 우리는 그것을 회피할 수 있다. 그러나 불안이라는 감정은 대상이 존재하지 않기에 회피하거나 맞설 수 없다. 오히려 불안이 자유의 비용이라는 생각으로 받아들여야 한다. 자신의 자유로운 선택이 나쁜 결과를 가져오거나, 좋은 결과를 가져오는 것으로 확정되어 있다면 우리는 불안에서 벗어날 수 있다. 그러나 인간의 자유는 언제나 개방된 미래와 직면하기에 불안은 우리 존재의 필연이다.

정신분석학에서는 불안을 "부정적 결과가 나타날지 모르는 위험한 상황에서의 불쾌하고 고통스러운 감정"으로 정의한다. 자연스러운 감정이지만 일상을 영위하지 못할 정도로 빈번하거나 신체적 증상이 심각할 경우에 질병으로 분류한다. 우리가 흔히 연예인들이 걸리는 병으로 접하는 '공황장애'의 경우에 불안감과 더불어 공포가 강하게 나타난다는 점에서 불안장애와 구별된다. 불안의 철학적 성격은 인간의 자유가 동반하는 필연적 감정이라고 하더라도, 우리가 현실에서 경험하는 불안의 형태는 다양하다.

알랭 드 보통은 현대인이 가장 불안하게 생각하는 것이 타인으로부터의 "무시"라고 주장한다. SNS에서 자신의 게시물이 많은 관심을 받으면 기뻐하다가 누구에게도 주목받지 못하면 갑자기 무력감과 절망에 빠진다. 또는 현실에서 타인으로부터 무시당하면 분노가 치솟는다. 타인이 나에게 보내는 관심과 평가가 왜 이렇게 나에게 중요한 의미로 다가오는가?

알랭 드 보통은 우리가 자신이 세운 가치에 확신을 가지지 못하기 때문이라고 지적한다. 자신의 삶이 가지는 의미를 스스로 찾아내지 못하기에 타인의 눈을 통해 자신의 가치를 평가한다. 나의 모습은 지금까지 내가 매 순간 선택해온 자유의지의 결과물이기에 타인으로부터 '무시'받을 때 내 삶의 의미에 대해 불안감은 폭발하게 된다. 때로는 물질적 소유 뒤에 자신의 불안감을 감추기도 한다. 과시적 소비와 비싼 차량, 고급 주택이 우리에게 필요한 이유는 바로 존재의 불안을 감추는 마스크이기 때문이다.

그리고 인간을 불안에 빠뜨리는 또 다른 요인은 존재와 의식의 불일치이다. 키에르케고르는 성경에 나오는 아담의 불안이 선악과를 먹지 말아야 한다는 의식과 그 금기를 깰 수 있는 존재의 불일치가 만들어내는 불안으로 본다. 우리는 일상적인 삶에서 자신이 지향하는 자기와 타인이 바라보는 자기, 그리고 현실의 자기존재의 불일치로 인한 불안을 경험한다. 우리는 어떤 분야의 전문가를 볼 때, 그 일에 관해 완벽하게 이해하고 있을 것이라 생각한다. 그 전문가도 사람들에게 자신이 모든 상황을 예측할 수 있으며, 그 어떤 상황이 벌어져도 그 문제를 해결할 수 있다는 자신감을 보여준다. 하지만 그는 자신이 그 분야에 전지전능한 신이 아니라는 사실을 알고 있다. 자신이 당연히 가져야할 능력과 부족한 자신의 존재 사이의 차이는 언제나 그에게 불안으로 나타난다. 가족들 앞에서 강한 아버지의 모습을 보여 주는 가장은 자기 내면의 철부지 같은 모습에 불안해한다. 마법의 펜을 가진 것처럼 멋진 글을 써내는 작가들도 밤새워 원고를 고치고 있는 자신의 진짜 모습과의 불일치에서 불안을 느끼게 된다. 우리는 자기 자신만이 존재와 의식의 불일치를 겪는다고 생각하지만, 존재가 의식과 일치되는 사람이 과연 얼마나 될까?

불안 못지않게 인간이 떨쳐버릴 수 없는 감정이 '죄책'이다. 죄책감이 없다는 말은 죄를 짓지 않거나 감정이 없거나 둘 중의 하나이다. 야스퍼스는 인간이 벗어날 수 없는 네 가지 한계상황으로 죽음, 고통, 투쟁과 함께 죄책을 들고 있다. 죄책이라는 감정역시 우리가 자유로운 존재라는 것에서 출발한다. 우리는 아침에 일어나 잠자리에 들기까지 수많은 선택을 하게 된다. 나에게 다른 선택의 여지가 없거나 혹은 강요된 선택이었다면 그것은 처음부터 '선택'일 수 없다. 그리고 그 결과에 대해서도 우리는 책임을 느끼지 않는다. 오로지 우리의 자유에 의해 선택된 결과가 타인의 고통으로 돌아올 때 우리는 후회와 죄책의 감정을 느낀다. 그렇다면 아무것도 결정하지 않으면 우리는 죄책에서 자유로울 수 있을까? 야스퍼스는 인간에게 있어서 죄책감은 피할 수 없는 한계상황이라고 이야기 했다. 무행위도 그 자체가 '태만'이라 불리는 하나의 행위이다. 주위의 고통받는 현실을 보면서 그것에 대해 아무런 행위를 하지 않는다면 그 자체가 또 하나의 악행에 준하는 행위가 된다. 그러므로 내가 행동을 하든가 하지 않든가 간에 모두 결과를 가지게 되며, 나는 어떠한 경우에도 죄책의 한계상황에서 빠져나올 수 없다는 결론이 나온다.

이처럼 불안과 죄책은 인간이 벗어날 수 없는 정신적 고통이다. 그리고 과도한 불안과 죄책은 우리의 존재를 잠식해간다. 그러나 이러한 고통이 우리에게 무의미하기만 할까? 불안은 우리가 자유의지를 가진 대신에 지불하는 비용이기에 자유를 남용하지 않게 만든다. 모르는 길에 대한 과도한 불안은 앞으로 나아가지 못하고 제자리에 멈춰 서게 만들지만, 불안의 부재는 길 자체를 잘못 들게 만든다. 또한 우리가 죄책감을 느끼지 못한다면 인간이 악마로 변해가는 것을 어떻게 막을 수 있을까? 우리의 선택으로 누군가가 겪게 되는 고통에 대해 죄책을 느낄 수 있기에 우리는 타인과 소통적 관계를 맺으며 살아갈 수 있다.

우리는 정신적 고통을 제거해야만 하는 대상으로 여기는 입장에 대해 재고해보아야 한다. 과연 고통의 부재가 우리가 추구하는 궁극적으로 행복한 삶일까? 정신적 고뇌를 통해 일상을 초월하는

철학으로 마음의 병 치유하기

예술가에게 평온한 삶이 더 가치 있는 삶일까? 우리가 겪고 있는 고통까지도 사실 우리 정신의 본모습일 수 있다. 다만 이러한 고통이 심연 속의 괴물처럼 자라나는 것은 막아야 한다.

3. 게임중독의 문제

2019년 WHO는 ICD-11(국제질병분류 11차 개정판)의 내용을 예고했다. 평소 같으면 일부 전문가들을 제외하고는 그런 일이 벌어졌는지도 모르고 넘어갈 사건이었는데, 난데없이 사람들의 이목을 집중시키는 요소가 있었다. 개정 내용에 '게임장애'라는 분류 항목이 들어있다는 사실이 언론을 통해 알려졌기 때문이다. 인터넷에서부터 벌어지기 시작한 찬반논쟁(게임에 대해 우호적인 인터넷상에서는 찬반논쟁이라기 보다는 ICD 개정안에 대한 비판이 주를 이뤘다)은 급기야 공중파방송의 생방송 토론프로그램 주제로 등장했다. '게임장애'라는 학술적 용어가 아니라 '게임중독'이라는 강렬한 용어를 사용한 언론의 보도가 더욱 논란에 불을 질렀다.

ICD 개정안에 대해서 대한민국 방송에서 토론을 벌이다니! 정신적 고통에 대한 철학적 연구를 진행해온 필자에겐 더욱 놀라운 장면이었다. 필자가 국제질병분류나 정신질환 진단 및 통계편람을 연구한다고 말하면 학회에서 만난 연구자들도 '그게 뭐지?'라는 당황한 표정을 얼굴에 드러내곤 했기 때문이다. 의학전공자들을 제외하고는 학계에서도 익숙하지 않던 ICD 개정안이 이렇게 관심을 불러 일으키는 것을 보고 인간의 정신적 고통을 연구하는 사람으로 이 현상을 어떻게 해석해야 할지 당황스러웠다. 아마 지극히 학술적인 뉴스가 대중들의 관심을 폭발시키게 된 것은 '게임'이라는 주제에 대한 공감대와 '중독'이라는 단어의 부정적 의미가 만났기 때문일 것이다. 논란의 과정을 지켜보며, 약간의 논리적 오류가 끼어들기는 했지만 우리 사회에서 '정신적 문제의 질병화'에 대해 어떤 문제의식을 가지고 있는지를 보여준다는 생각이 들었다. '게임중독의 질병화'에 대한 논란을 한번 되짚어보자.

먼저 정신적 고통이 질병으로 정의되는 과정을 이해해야 한다. 질병의 개념이 예전부터 고정되어 있는 실체라고 생각하기 쉽지만, 예전에는 같은 질병인줄 알았는데 알고 보니 다른 병이었던 경우도 많고, 질병이라고 생각을 못했었는데 치료의 대상이 되는 경우도 많다. 그래서 누군가는 무엇이 질병인지 꾸준히 정리해오고 있다. 각 나라별 의료학회와 정부기구는 대부분 질병분류체계를 가지고 있다. 우리나라도 KCD(한국질병분류)를 만들고 관리해오고 있다. 그러나 각 나라별로 모든 질병의 특성을 연구하는 것은 불가능하기도 하고 비효율적이기에, ICD를 표준으로 만들게 된다. 그리고 그대로 베끼는 것이 아니라 그 나라만의 특수성을 반영해 독자적인 병명을 넣기도 하고 빼기도 한다. 예를 들어, 우리나라의 경우에 '화병'이라는 우리 고유의 심리적 질병을 분류체계에 넣고 있다. WHO도 독자적으로 질병에 관한 연구를 진행하

철학으로 마음의 병 치유하기

는 것이 아니라 미국과 유럽 등 선진국 학계에서 만드는 질병분류 체계를 참고로 정리하고 종합하는 방식으로 ICD를 만든다.

결국 가장 많은 의료 인력과 연구자원을 가지고 있는 미국의 질병분류체계가 전 세계 질병의 기준이 될 가능성이 크다. 이번에 논란이 된 '게임중독'의 정신적 질병의 분류는 사실 ICD의 정신질환 분류보다 더 영향력이 큰 것으로 평가되는 미국정신의학회에서 발행하는 DSM에서 시작되었다. 2013년 다섯 번째 개정판을 발표한 'DSM-5'에서 이미 '충동조절장애'의 하위분류로 '인터넷 게임 장애'라는 진단명을 등록했다. 미국의 DSM이 실질적으로 전 세계 정신의학자들에게 표준으로 받아들여지고 있다는 점을 생각해보면 2013년부터 질병으로 인정될 근거는 마련된 셈이다.

ICD나 DSM에서 질병으로 분류되거나 질병에서 제외되는 경우는 격렬한 논쟁을 동반한다. 여기에는 이해관계자가 많다. 바로 보험회사와 제약회사의 입장이 상반되기 때문이다. 새로운 질병이 만들어지면 제약회사들은 그 질병에 적합한 치료제를 생산해 수익을 올리게 된다. 그러나 보험회사들은 지금까지 지불하지 않았던 치료비를 추가로 지불해야 되는 것이다. 우리나라에서는 실감이 나지 않겠지만 미국의 건강보험이 대부분 민간보험이라는 사실을 생각해보면 보험회사와 제약회사의 이해관계가 얼마나 심각하게 충돌할 것인지를 상상해 볼 수 있다. 특히 이번 '게임 장애'의 등록과 같은 경우는 게임회사들의 이해관계도 첨예하게 걸려있다. 만약 '게임중독'으로 정상적인 사회생활이 불가능했다는 진단이 발급될 경우에 손해배상의 책임이 발생할 수도 있다. 그런데 새로운 질병의 등록이 부정적인 의미만을 가지는 것은 아니다. 극소수라도 게임의 이용에 있어서 중독증상으로 치료를 받아야 하는 경우가 발생한다면, 그 치료비를 건강보험으로 처리할 수 있어야 한다. 만약 질병으로 분류되지 않았다면 건강보험처리가 불가능할 수 있고 환자가 모든 치료비를 부담할 경우에 가난한 사람들은 치료를 받을 수 없다는 문제가 생긴다. 물론 현실적으로는 '게임중독'이 질병으로 분류되기 이전에도 유사질병, 즉 '충동조절장애'로 분류하는 방식으로 보험처리를 할 수는 있었다.

언론에서는 게임중독(gaming addiction)이라는 단어를 사용하지만 정신병리학계에서는 중독(addiction)이라는 용어를 공식적으로 사용하지는 않는다. 대신 남용(abuse)이나 의존(dependence) 혹은 장애(disorder)라는 용어를 사용한다. 아마 환자에 대한 낙인효과를 우려해 완화된 용어를 사용하는 것으로 이해된다. DSM-5에서는 알코올, 카페인, 약물 등 물질에 의한 중독은 물질사용장애로 분류하고 있으며, 인터넷, 도박, 게임 등 비물질적 요인으로 인한 중독은 충동조절장애로 분류한다. 그리고 ICD에서도 '게임중독'이라는 용어를 사용한 것이 아니라 '게임 장애'라는 용어를 사용하고 있다.

여기에서 우리가 한 가지 짚고 넘어갈 것은 ICD나 DSM에서 질병으로 분류한 것이 '게임' 그 자체가 아니라 '게임중독'이라는 점이다. 인터넷상에서의 논란 중에 많은 부분이 게임을 질병으로 분류한 것처럼 오해하고 있는 경우가 많다. WHO의 이번 결정은 과잉진료의 가능성과 인간의 정신적 고통을 무조건 질병화하는 기존 정신의학적 입장에 대한 비판 등 많은 부분에서 문제점이 지적될 수 있는 결정이었지만, 게임자체를 질병으로 분류한 것처럼 이해한 것은 우리 사회가 만든 오해다.

그러나 수많은 행동들 중에 왜 게임에 대해서만 '중독'의 개념을 적용시키는가에 대해 사람들은 의문을 제기한다. 자녀의 방문을 열고 들어갔을 때, 컴퓨터 게임에 몰두하고 있으면 아들의 등짝을 때린다. 그런 일이 계속 반복되고 식사시간에도 밥을 먹으러 나오지 않은 채 게임에 몰두하고 있는 모습을 발견하게 되면 '게임중독'이라는 단어를 떠올리게 된다. 그런데 자녀의 방문을 열고 들어갔을 때, 책상에 앉아 수학 문제 풀이에 집중하고 있으면 흐뭇하게 미소 짓고 머리를 쓰다듬어 준다. 그런 일이 계속 반복되고 식사시간에도 밥을 먹으러 나오지 않은 채 수학 공부에 몰두하고 있는 모습을 발견하게 된다면, 과연 '수학 중독'이라는 단어를 떠올릴까? 물론 일상적인 생활을 어렵게 할 정도로 그 행동에 몰두하고, 자기통제가 불가능하다면 중독으로 보아야 한다. 그러나 '독서중독', '공부중독'을 의학계에서 중독으로 분류한 적은 없다. 질병의 분류에 이미 사회적 가치 규범이 작동하고 있는 것은 아닌가 의심하게 되는 이유이다.

보다 더 근본적인 문제는 인간의 정신적 행위를 모두 원인과 결과의 관계로 분석해 질병화시키는 정신의학의 입장이다. 게임에 중독될 정도로 몰입하는 사람이 가지는 근본적인 문제는 '게임' 자체 보다도 그의 삶에서 깨져버린 '가치의 균형'이다. 게임이 촉매제로 작용했을 수는 있지만, 그의 삶은 이미 게임 속으로 도피해야할 만큼 깨져버린 상태일지도 모른다. 여기서 분명히 해야 할 점은 단순히 게임을 즐기는 경우를 말하는 것이 아니다. 정상적인 삶이 유지되지 못할 정도로 게임에 과몰입하는 '게임중독' 상태를 말하는 것이다. 그런 사람에게 게임을 줄일 수 있는 처방이 주어진다고 하더라도 이미 깨어진 삶의 가치가 복원될 수 있을까? 그에게 필요한 것은 깨진 삶을 다시 이어줄 관계와 원동력으로 작용할 수 있는 계기, 자존감의 회복일 것이다.

근대 의학이 시작되고 지금까지 정신의 고통을 대하는 태도는 크게 변화하지 않았다. 증상이 발견되면 일단 질병으로 분류하고 약물치료와 행동치료법을 개발한다. 그리고 그 치료법을 반복적으로 시행해 처음 진단된 정신적 고통을 사라지게 만든다. 그러나 그 환자의 정신적 건강은 회복되지 않는다. 게임중독은 극복했지만 다른 우울과 허무에 시달린다. 그리고 다시 정신병원을 찾는다. 이번에는 우울과 허무에 대한 치료가 진행된다. 그다음에도 그는 여전히 건강하지 않다. 이런 과정은 반복된다. 무엇인가 문제가 있다고 느낀 의학자들은 지금까지 질병으로 분류되지 않았던 수많은 정신적 고통을 추가로 질병으로 등재할 것이며, 더 많은 치료법을 환자에게 제공할 것이다. 그 결과로 이미 백과사전보다 더 두꺼운 '정신질환 진단 및 통계편람'이 만들어졌다. 그럼에도 인간은 여전히 '질병으로 분류되지 않은 정신적 고통'에 시달리고 있다.

4. 취업준비생의 불안과 취업자의 고통

대부분의 젊은이들은 입시라는 관문을 넘어서기 위해 아름다운 청소년기를 희생한다. 그리고 장밋빛 희망으로 시작된 찬란한 20대는 시작되자마자 취업준비를 위한 시간으로 소모된다. 취업준비 과정은 청년들을 대입준비보다 더 심한 불안에 빠뜨린다. 원하는 직장에 취업만 성공하면 지금까지 꿈꿔왔던 삶이 시작될 것이라는 기대에 지긋지긋한 경쟁을 견뎌낼 수 있었다. 그리고 그 불안의 강을 건너 결국 살아남은 자들은 자신이 원하는 직장에 취업한다. 그런데 문제는 여기서부터 시작된다.

대기업 입사에 성공한 3년차 직장인 구아진씨의 경우에 그녀는 그녀를 아는 주위 사람들에게 선망의 대상이다. 그녀는 지방대라는 핸디캡에도 불구하고 대기업 비정규직으로 입사해 정규직으로 전환하는데 성공하고, 핵심부서인 신상품 개발을 담당하고 있는 직장인이다. 그녀의 스토리는 취업을 준비하는 학생들 사이에서 꽤 유명해져 대학 취업특강의 강사로 초청받는 등 이른바 성공한 '취업준비생'이 되었다. 그러나 구아진씨는 직장동료들 몰래 '퇴사준비학교'에 다니고 있다. 2년이 넘는 구직활동 끝에 모든 사람들이 선망하는 대기업에 입사했으면서도 입사 1년이 지난 시점부터 퇴사 고민에 빠진 것이다.

> 상담자: 요즘은 퇴근 이후에 무슨 일을 하며 시간을 보내나요?
>
> 내담자: 최근엔 대학 한 군데에서 취업준비 특강에 강연을 해달라고 해서 강연을 준비하느라 바빴어요. 강연은 재밌더군요. 저도 얼마 전까지 취업준비 때문에 정신이 없었는데 이제 직장인이 된 입장에서 취업준비생들을 만나니까 기분이 새로웠어요.
>
> 상담자: 그렇게 어렵게 대기업 취업에 성공했는데 직장생활은 만족스럽나요?
>
> 내담자: 아니요. 전혀 만족스럽지 못해요. 이런 직장생활을 위해 그렇게 고생했나 싶은 생각이 들어요. 취업특강에서는 후배들에게 조언하는 입장이었지만 제 스스로는 모순된 상황에 처해 있다고 느꼈어요. 사실 업무 끝나고 요즘 퇴사학교에 다니고 있어요. 이제 직장생활 3년찬데 벌써 퇴직준비를 시작했죠.
>
> 상담자: 직장 생활에서 어떤 점이 불만인가요? 굉장히 어렵게 취업했다고 들은 것 같은데.

철학으로 마음의 병 치유하기

내담자: 취업준비생일 때는 오로지 취업만 생각했죠. 대기업 입사에 성공하면 그 다음 저의 인생은 그곳에서 보장될 거라 생각했는데 착각이었어요. 저는 다른 사람보다 취업준비과정이 더 힘들었어요. 학벌이 남보다 좋은 편이 아니었거든요. 그래서 더욱 취업만 되면 제 삶이 바뀔 것이라 생각했었죠.

상담자: 그럼 퇴직 준비는 구체적으로 진행되고 있나요? 퇴사를 하면 무슨 일을 하고 싶은가요?

내담자: 퇴사학교를 다니고는 있지만 퇴사이후를 구체적으로 생각해보진 않았어요. 그냥 일단 이 곳에 계속 다니는 것이 제 인생을 너무 소모시킨다는 생각이 들어서 그만두고 싶지만 이후의 대안이 명확한 건 아니에요. 사실 다른 직장으로 옮기거나 공부를 해도 지금과 비슷한 상황이 반복될까봐 두려워요. 취업강좌에서 후배 취업준비생들에게 취업실무 강의를 하고 다니지만 제 생각에는 그 학생들도 취업을 하겠다는 생각은 강하지만 취업 이후 어떻게 살아야 될지는 생각하지 못하는 것 같았어요. 저도 마찬가지였고요.

위의 내담자는 상담 첫날 자신의 고민이 퇴사욕구라는 사실을 털어놓았다. 요즘 젊은이들의 취업난이 얼마나 심각한지 생각한 다면 모든 이들이 선망하는 대기업 정규직으로 취업에 성공한 그녀가 퇴사를 고민하고 있다는 사실은 예상 밖이었다. 특히 그녀는 취업준비 과정에서 겪은 정신적 고통을 상담하면서 알게 된 내담자였기 때문에, 지금의 직장에 취업한 뒤 얼마나 기뻐했었는지를 아는 필자에게는 의외의 상담 내용이었다.

취업준비생이었던 그녀는 괴롭혔던 정신적 고통은 '불안'이었다. 미래가 불확실하다는 사실에서 오는 현실적 불안과 더불어, 그 불확실함이 자신의 직장 선택의 기준 때문에 비롯된 것이 아닌가에 대한 '선택에 대한 책임으로서의 불안'이었다. 그리고 자신이 바라는 자기의 미래 모습과 자기존재의 괴리에서 오는 불안역시 그녀를 괴롭혔다. 그런 불안 속에서 2년 넘게 취업준비생으로 살아오던 그녀는 자신이 원하던 기업의 원하던 부서에 취업했을 때 인생의 많은 문제들이 해결될 것이라고 생각했었다. 하지만 막상 시작된 직장생활은 기대와 딴판이었다. 취업 과정에서는 그렇게 창의적 사고를 강조하던 회사가 정작 업무는 기존의 틀에서 한 점도 벗어나지 않는 반복적 작업만을 요구했다. 특히 그녀를 힘들게 한 것은 회사생활을 통해 무기력하게 변해가든지, 아니면 퇴사를 꿈꾸고 있는 선배들의 모습이었다.

그렇게 직장생활에 회의감을 가지고 있던 그녀는 모순적으로 후배들을 위한 취업특강 프로그램 강사로 출강하고 있었다. 지방대 출신에 낮은 자격조건으로 2년 이상 취업준비생 생활을 해온 그녀의 경험이 학생들에게는 현실적으로 다가와 꽤 인기 있는 강사가 되어가고 있었다. 자신이 의미를 못 찾고 있는 직장생활을 떠나 새로운 일을 시작할 가능성이 있을지도 모른다는 생각에 바쁜 시간을 쪼개서 강의를 다닌다는 것이다. 그러나 이 점도 그녀의 고민 중에 하나였다. 자신은 회사에 미련이 없으면서 후배들에게는 입사를 어떻게 준비해야 되고, 취업 후에는 어떤 업무를 수행하는 지를 강의하고 다닌다는 것에서 모순을 느끼고 있었다.

그녀의 상태는 현대인이 겪고 있는 전형적인 '질병으로 분류되지 않는 정신적 고통'의 사례라고 할 수 있다. 오랜 취업 준비 기간을 거쳐 입사한 회사가 기대에 못 미쳐 고민스럽다는 것이 '질병'으로 분류될 수 있는 고통은 아니다. 그렇다고 평생을 다녀야 할지 모르는 직장이 자신과 잘 맞지 않는다고 느끼는 것이 사소한 문제라고 볼 수 없다. 질병으로 분류되지 않았다고 그 고통의 크기가 결코 작은 것은 아니다.

그녀의 고통은 자기존재에 대한 조명의 기회가 없었기 때문에 발생한 철학적 공허에서 시작되었다. 그녀는 언제나 고등학교 때의 문제는 대학진학이 해결해 줄 것이라고 믿었고, 대학에서 충족되지 못한 문제는 취업하면 해결될 것이라 생각해왔다. 그때 자신의 문제와 직면하고 해결한 것이 아니라 다음 단계로 자신의 삶이 넘어가면 어디선가 구원이 나타날 것이라고 믿어왔다. 그리고 중간 기착지라고 믿어왔던 취업까지 도착했지만 아무 곳에도 구원은 없었다. 그녀만의 문제일까? 그녀는 퇴사를 꿈꾸는 직장인들의 모임인 '퇴사학교'라는 곳에 등록했다. 정년퇴직을 준비하는 중년이상 세대들이 많을 것이라고 기대하고 간 그곳에는 자기 또래의 직장인들이 가득 차 있었다고 한다. 직장이 구원일 것이라고 믿어왔던 많은 사람들이 이제 퇴사가 구원이 된 것이라 믿고 있는 것이다.

이후 진행된 몇 번의 상담 과정을 통해 그녀는 자신의 삶에 대한 구체적인 준비에 나서기로 했다. 취업준비생을 대상으로 한 강의는 자기스스로 모순적이라 생각했던 것과 달리 그녀의 문제를 가장 잘 치유해준 계기였다. 그녀는 강의 과정을 통해 오히려 자신을 둘러싼 회사조직을 객관적으로 바라보게 되었다고 상담 과정에서 이야기했다. 직장이라는 조직을 모를 때 환상을 가지게 되고, 그 환상이 실망으로 변하면서 자신에게 정신적 고통으로 다가왔다는 사실을 스스로 발견하게 된 것이다. 결국 그녀는 퇴사학교를 그만두고 정말 학교에 진학했다. 회사생활과 병행할 수 있는 대학원을 발견하고 진학했다. 두 가지의 병행이 가능할지 두려워했지만, 오히려 회사라는 단일 공간 이외에 다른 사회적 관계를 맺고 있다는 사실 자체가 안정감을 준다고 말했다. 대학원에서 그녀는 조직 내의 의사소통을 주제로 공부하고 있다. 자신이 느낀 대기업의 조직문화를 이론적으로 분석하는 것이 지금의 꿈이다. 새롭게 의미를 부여한 영역이 형성되고 나서, 그녀는 회사 내에서 성과나 승진에 조급해하지 않게 되었다고 한다. 회사든 학교든 장

기적으로 자신을 완성해가는 과정이라는 생각이 그녀의 불안을
덜어낸 것이다.

5. 난민문제에 대한 철학상담의 사례

2015년 7월에는 독일 메르켈총리와 레바논 출신 난민 소
녀의 대화가 TV로 생중계되고 있었다. 소녀는 그 자리에서 레바
논 난민 수용소에 있는 친구들이 독일에 정착할 수 있게 도와달라
는 편지를 총리 앞에서 낭독했다. 이에 메르켈 총리는 "우리는 난민
을 전부 받아줄 수 없다"는 냉정한 답변을 했고, 편지를 낭독했던
소녀는 울음을 터뜨려버렸다. 그 장면이 모두 생중계된 뒤 지나치
게 냉정한 메르켈 총리의 태도에 비판이 일어나기도 했지만, 난민
에 대한 유럽 사회의 태도를 반영한 입장이라는 평가가 대부분이었
다. 그런데 두 달이 지난 9월 터키 해변에 세 살짜리 시리아 난민 소
년 아일란 쿠르디의 시신이 떠밀려온다. 가족들과 함께 내전 중인
시리아를 탈출하던 소년은 바다에 빠져 해안으로 떠밀려온 것이다.
해변에 엎드린 채 발견된 소년의 시신과 그 옆에서 상황을 사무적
으로 기록하고 있던 경찰관의 모습이 함께 잡힌 한 컷의 사진은 난
민문제의 비극성을 전 세계에 전달함으로써 세계 각국이 난민문제
를 적극적으로 해결하게 만들었다. 난민 소녀와의 대화에서 냉정한
입장을 보였던 메르켈 독일 총리는 비난의 화살에 직면하게 되었

고, 독일은 유럽에서 가장 적극적으로 난민들을 수용하게 되었다.

그러나 다시 그해 겨울 유럽의 여론을 싸늘하게 바꾸는 반전이 일어난다. 12월 31일 밤 독일 쾰른에서 열린 새해 전야제에서 난민으로 추정되는 아랍계 남성들에 의한 집단 성폭행 사건과 소요사태가 발생한 것이다. 이 사건을 계기로 유럽 내 '난민 환대'는 위축되고, 각국 선거에서 난민 수용거부를 내세운 극우정권이 집권하는 현상이 벌어진다. 아랍지역의 남성 중심 문화에 대한 비판과 결부되어 중동 출신 난민들을 잠재적 성범죄자로 매도하는 낙인효과까지 결합되고 난민에 대한 국제적 여론은 최악으로 치달았다. 유럽 내에서 난민에 대한 태도가 환대에서 혐오로 극단적으로 변화하는 기간 동안 필자는 상담과정을 수료하기 위해 독일에 체류하고 있었다. 이때 인턴 자격으로 한 심리상담소의 상담현장에 직접 참여하게 되었는데, 마침 독일에 망명을 신청한 아프리카 청년의 상담을 맡게 되었다. 이 청년의 상담은 독일 비스바덴의 심리상담소에서 국가 지원프로그램을 통한 신청으로 이루어졌다.

내담자인 흑인 청년은 19살로 이제 막 청소년을 벗어났다. 그는 4년 전인 15살 때 목숨을 걸고 고국을 탈출해 유럽에 도착했다. 사하라 사막을 넘어 리비아를 거쳐 작은 밀항선에 의지해 시칠리아에 도착한 후, 이탈리아의 로마로 넘어와 영국으로 가던 중 파리 중앙역에서 불법이민자로 체포되었다. 그 후 바덴 비텐베르크의 고아원에 보호되었다가 다시 탈출해 프랑크푸르트 고아원에 맡겨졌고, 이제 성인이 되어 난민 신분을 획득한 청년이었다. 그의 고국인 에리트레아는 국제사회에서 거의 알려지지 않은 폐쇄국가다. 아프리카의 북한으로 비유될 정도로 외부 세계에 폐쇄적이고 장기 독재에 시달리는 국가이다. 이 나라 국민들은 대학에 진학하지 못할 경우에 남녀불문하고 전원 군인이 되어야 하는데, 이 청년은 그러한 나라의 상황을 피해 유럽으로 탈출했다. 그러나 망명지에서 완전히 고립된 청소년기를 보내면서 심리적 안정을 찾지 못했고, 난민 지원프로그램을 통해 심리상담을 요청한 상태인 것이다.

> 상담자: 유럽까지 오게 된 과정을 들려줄 수 있나요?
> 내담자: 제 고향은 아프리카 북동부에 있어요. 유럽으로 오려면 일단 사하라 사막을 건너야 되죠. 걷기도 하고 트럭을 타기도 하며 아프리카 북부까지 왔어요. 그곳에서 유럽으로 밀항을 하려는 사람들이 모여서 작은 배를 타고 지중해를 건넜죠. 그렇게 건너다가 배가 난파되면 죽기도 해요. 배에서 얼마나 있었는지는 짐작도 되지 않아요. 몇 시간이었는지 며칠이었는지. 그렇게 이탈리아 남부에 도착했어요. 거기서 사람들과 헤어져 프랑스로 오게 됐죠. 영어는 고향에서 배웠기 때문에 프랑스까지 오는 것은 힘

들지 않았어요. 목적지는 영국이었어요. 그 곳
에 가면 직장을 구할 수 있을 것 같았죠. 영국은
영어권이니까 언어도 불편하지 않을 거고요. 하
지만 파리에서 잡혀서 고아원에 보내진 뒤로는
계속 고아원 입소와 탈출을 반복하다 독일에서
성인이 되면서 난민지위를 획득했어요.

상담자: 독일에서 지내는 것은 만족스럽나요?

내담자: 아니요. 이곳을 벗어나고 싶어요.

상담자: 어떤 부분이 불만이죠?

내담자: 이곳 사람들은 저를 이방인으로 취급하죠. 어디
를 가든 저 같은 난민들은 자신들에게 피해를
주는 사람으로 취급해요. 사람들이 너무 차가와
요. 그리고 독일어가 아직 어색해요. 영어권이
었으면 좀 더 잘 정착했을 텐데… 그래서 아직
도 영국으로 가고 싶어요.

　그는 고향의 상황을 견딜 수 없어 목숨을 걸고 망명을 시도했
으나, 도착한 유럽 역시 자신이 안정감을 느낄 수 있는 곳이 아니
라는 사실에 심한 불안에 시달리고 있었다. 그가 직접 들려주는
망명 과정은 어린 소년이 견뎌냈다는 것이 믿기지 않을 정도로
위험과 고난의 연속이었다. 유럽에 도착한 이후에도 줄곧 탈출과
체포가 반복되었다. 4년 동안 이탈리아, 프랑스, 독일 등을 지나

왔지만, 그는 영국행을 원했다. 영어권 국가라는 점을 들어 영국행을 원하고 있었지만, 사실은 새로운 탈출구를 찾고 있었다. 마지막 희망이라고 생각하는 영국에 가서도 이방인으로 머물 가능성이 컸고, 그럴 경우에 심리적 타격은 더 크게 찾아올 것 같았다. 상담이 진행되면서 내담자와 상담자 간에 신뢰관계가 형성되었고, 그는 예상치 못한 말을 털어놓았다.

> 상담자: 유럽에서 자리를 잡게 된다면 가장 하고 싶은
>   것은 무엇이죠?
> 내담자: 고향에 있는 어머니와 동생들을 데려오고 싶어
>   요. 에리트레아에서는 희망이 없어요. 제가 그
>   곳을 떠난 이유는 가족들을 더 좋은 환경에서
>   지내게 해주고 싶어서였어요. 많은 사람들이 그
>   런 이유에서 유럽으로 떠났죠. 아버지도 저보다
>   먼저 유럽으로 떠나셨어요. 유럽에 도착했다는
>   연락은 보내왔지만, 그 이후로 연락이 끊어졌어
>   요. 저는 아버지를 존경해요. 가족을 위해 유럽
>   으로 탈출하셨죠. 하지만 가족들을 데려가겠다
>   는 약속은 못 지키셨어요.

그의 아버지가 먼저 탈출해 유럽에 정착해 있었다. 그리고 아버지는 처음 약속과는 달리 고향에 있는 가족에게 연락을 끊었던

것이다. 15세의 소년이 목숨을 걸고 작은 보트에 의지해 지중해를 건넌 이유가 이해되었다. 아버지를 찾아서 온 것이었다. 심지어 아버지가 마지막으로 보내온 연락처를 근거로 아버지와 연락이 되었다는 사실도 털어놓았다. 그런데 아버지는 이미 유럽에서 새로운 삶을 살고 있었다. 아버지의 탈출과 연락두절, 장남으로서 아버지를 찾겠다는 생각으로 목숨을 건 망명, 그리고 아버지가 가족들을 버렸다는 사실을 깨닫게 된 충격, 이 모든 것이 15세 소년이 감당하기엔 너무 벅찬 사건들이었다.

그러면서 고향에 남은 동생들과 어머니에게 아무것도 해주지 못하는 자신이 아버지의 반복인 것 같아 정신적 고통에 시달리는 것이다. 상담과정에서 어머니에 대한 책임감과 죄책을 과도하게 느끼고 있었다. 말로는 아버지를 변함없이 존경한다고 했지만, 강한 저항감을 가지고 있었다. 아버지에 대한 감정은 아직 투명하게 드러나지 않았다. 가부장적 가치가 강한 에리트레아의 문화와 관련 있는 것으로 생각되었다. 상담이 중반을 지나가자 그의 병적 증상이 비로소 드러나기 시작했다. 그는 하루에 하나씩 자신의 물건을 잃어버린다는 사실을 털어놓았다. 상담과정에서 제공하는 안내문이나 매뉴얼도 잃어버렸다. 단순한 건망증이 아니라 불안으로 인한 집중력 저하가 강하게 나타나는 것으로 보였다.

상담과정에서 밀항과정의 회상은 일종의 한계상황의 인식기회로 순기능을 했다. 목숨을 걸고 사하라 사막을 넘고 조각배에 의지해 지중해를 건넌 경험은 그에게 고통스러운 경험이면서도 자

철학으로 마음의 병 치유하기

부심으로 여겨졌다. 그러한 과거를 가진 자신이 수치스러운 존재가 아니라 자부심을 가진 존재로 변하는 지점이었다. 목숨을 건 모험을 통해 새로운 사회로 나온 도전자라는 자부심이 자신을 긍정적으로 변화시키기 시작했다. 상담이 끝나갈 무렵 그는 자신의 이야기를 소설로 써보고 싶다는 구체적인 희망을 이야기했다. 자신의 상황을 부끄럽고 비관적으로 보던 태도에서, 자랑스럽게 생각하며 자신의 존재가치를 되찾기 시작한 것이다. 상담을 통해 그가 자신의 가족과 국민들을 구하기 위해 정치인이 되고자 했었다는 꿈을 다시 기억해 내기에 이른다. 하나의 집단으로 인식될 때는 혐오의 대상이 되기도 했던 '난민'도 개개인의 삶과 망명이유를 살펴보면 스스로의 삶을 지켜가고자 하는 의지와 태도를 발견할 수 있었다. 정신적 고통에 빠진 난민 스스로도 자신의 삶이 가지는 가치와 의미를 발견함으로써 삶의 주인으로 복귀할 수 있었다.

맺음말

현대인은 과거에는 생각할 수 없을 정도로 풍부한 물질적 풍요를 누리고 있다. 전자통신 기기의 발달은 물리적 시간과 공간을 넘나들며 빠르고 쉽게 실시간으로 인간 간의 소통과 수많은 정보획득을 가능하게 만들었다. 그러나 물질적 풍요는 오히려 현대인을 감각적 쾌락과 중독에 빠져들게 만들고 편리한 소통의 방식은 인간 사이의 깊은 유대를 가볍게 만들고 있다. 나아가 수많은 정보는 인간의 사유를 깊이 있게 만들기 보다는 피상적 지식에 머물게 만들고 호기심으로 이리저리 끌려 다니며 근거 없는 정보를 무책임하게 전파함으로써 사회적 혼란의 요인이 되고 있다. 또한 자본주의 시장경제 체재가 요구하는 성과주의는 현대인을 무한경쟁 속으로 몰아넣고 있으며, 그로인한 과도한 신체적 피로 및 정신적 스트레스는 자신의 능력을 보여주기 위해서는 당연히 감수해야 할 것으로 여겨지고 있다.

소위 피로사회라고 일컬어지는 이러한 환경 속에서 살아가는 현대인은 자기도 모르는 사이에 번아웃 증후군(Burnout Syndrome)을 겪고 있거나 자기소진증에 빠지게 되며 경쟁에서 낙오될 것이 두려워 불면증, 신경증, 우울증에 시달릴 뿐만 아니라 끊임없는 비교의식 속에서 열등감, 무력감, 박탈감, 허무감을 느끼고 있다. 심지어 이러한 정신적 위기에서 벗어나려는 몸부림은 오히려 일 중독, 게임중독, 도박중독, 알코올중독, 관계중독 등과 같은 악순 환의 유혹에 빠지게 만들며, 그로 인한 정신적 파탄은 종국에 자 기혐오를 넘어 폭력적인 타자혐오와 자살충동에 이르는 지경으 로 몰고 간다.

이 책의 서두에서 언급했던 한국의 높은 자살률에 대해 다시 생각해보자. 왜 이렇게 자살률이 높은가? 해방 이후 전쟁과 사회 혼란 속에서도 땀 흘려 노력하여 눈부신 경제적 발전과 민주화를 이룩해 모두가 잘 살고 있다고 하는데 왜 이런 안타까운 죽음의 소식을 도처에서 들어야 하는가? 혹시 그동안 우리는 무엇인가 를 놓치며 살았거나 잊고 있었던 것은 아닌가? 먹고 사는 문제에 만 몰두하면서 물질적 풍요와 육체적인 평안함만을 추구하다가 우리의 마음을 돌보지 않았던 것은 아닌가? 심지어 마음의 병은 사치스런 것이라 여기고 대수롭게 생각하지 않았던 것은 아닌가? 가난과 굶주림을 겪으며 먹고 살기에 급급했던 세대에게는 이러 한 마음의 병을 그렇게 생각했을 수도 있다. 그것은 강한 의지력 과 정신력을 가지고 어려운 환경 속에서 부지런하게 살아가는 사 람들에게는 배부른 소리이거나 게으르고 나태한 사람이나 하는 삶의 변명처럼 들릴 수도 있다.

특히 젊은 사람들이 이러한 극단적인 선택을 할 때 더욱 마음 이 아프다. 2021년의 조사에 따르면 40대 이상의 자살률은 줄고 있지만 30대 이하 청년 자살률이 크게 높아지고 있다. 위에서 본 것처럼 오늘날 젊은 세대는 이전과는 다른 정신적 상황에 놓여있다. 요즘 청년들은 이전 세대의 결핍과 욕구와는 다른 결핍과 욕구를 느끼며, 이전의 집단문화에서 기대하는 요구와 행동과는 달리 각자의 생각에 따라 행동하며 각자의 가능성을 실현하고자 노력한다. 이러한 욕구가 충족되지 못하거나 좌절될 때, 자신의 행동을 이해받지 못하게 될 때 이들은 사람들이 대수롭게 여기지 않는 사소한 것에서조차 심각한 마음의 병을 가질 수 있다. 누군가에게는 사소한 마음의 불편함이 어떤 이에게는 삶을 포기할만한 사안일 수 있다. 마음의 병은 갑작스럽게 다가와 일상을 덮치고 삶을 황폐화시킨다. 마음의 병은 평균적인 수치로 잴 수 없다. 그것은 각 개인의 실존적 상황에 따르는 것이기 때문이다.

"나를 죽이지 않는 것은 나를 더 강하게 만든다." 이 말은 죽을 만큼 힘든 고난과 역경을 묵묵히 참고 견디면 그 만큼 더 강해진다는 말이다. "우리 시절은 더 힘들었어. 젊을 때 고생은 사서라도 하는 거야." 경험이 없는 힘들어 하는 젊은이들에게 어른들이 교훈적으로 하는 말이다. 오랜 경험에서 나온 이러한 말들이 결코 잘못된 것이 아니다. 그것은 척박한 시절에 물질적 빈곤 속에서도 고된 노동으로 삶을 성공적으로 이끌어 온 사람들에게는 금언처럼 여겨졌던 것이다. "아픈 만큼 성숙해진다"는 말도 있다. 정신적 고통도 참아내면 더 원숙한 인간으로 성장할 수 있다. 그러나 이러한 말 속에는 다른 의미도 읽힌다. 죽을 만큼 힘이 들더라도 참으라는 것이다. 경험이 없는 사람이 힘든 것은 당연한 것이니 참으라는 것이다. 마음이 아파도 참으라는 것이다. 다시 말해 고생스럽고 힘들더라도 미숙하여 어렵더라도 마음이 아프더라도 시간이 지나면 괜찮으니 말하지 말고 참으라는 말이다. 그러나 이제는 시대가 바뀌었고 정신적 삶의 상황이 변화되었다. 이제 누구든지 힘들면 힘들다고 말로 표현해야 한다. 그리고 우리는 그 말에 귀를 기울여야 한다.

최근 우리 주변에는 우울증 환자가 급격히 늘고 있다. 건강보험심사평가원에 따르면 2021년의 우울증 환자 수는 93만3481명으로 2017년(69만1164명)과 비교해 35.1% 증가하였다. 매년 우울증 환자의 증가율은 7.8%에 달한다. 최근 심각한 것은 청년층의 우울증 환자 수가 급증하고 있다는 점이다. 2017년만 하더라도 60대 우울증 환자가 전체 우울증 환자의 18.7%를 차지하면서 가장 높은 유병율을 보였다. 하지만 2021년에 20대 환자 수가 전체 환자 수의 19.0%로 60대 환자 수를 제쳤다. 주의해야 할 것은 이 수치가 의료기관을 통해 진단을 받은 자의 통계에 잡힌 것일 뿐 침묵하고 있는 국민의 많은 수가 우울증을 앓고 있다는 사실이다. 노인은 노인대로 젊은이는 젊은이대로 이전과 다른 삶의 환경 속에 자신을 이해하고 있다. 마음의 병을 감추거나 수치로 여기지 않고 신체적 병처럼 말로 표현하고 힘들면 병원을 찾듯이 드러내고 적극적으로 표현하고 치료를 받을 수 있는 사회적 분위기가 조성되어야 한다.

아직도 우리 사회는 마음의 병을 사소한 것으로 여기거나 감추는 경우가 많다. 마음의 병을 자연스럽게 표현하는 것에 대한 부담을 가지고 있기 때문이다. 정신적 문제로 의료기관에서 진단을 받으면 일종의 낙인이 찍혀 사회생활에 지장이 생기고 주변의 시선을 의식하며 살아야 한다는 생각을 가지기 때문이다. 그래도 이제 여러 가지 마음의 병으로 심리치료를 받거나 약을 먹는다는 것이 점차 당연한 것으로 인식되어가고 있는 것은 참으로 다행스런 일이다. 흥미로운 사례로 유럽에서는 실연을 당하거나 핸드폰을 잃어버려도 심리치료를 받을 수 있다. 그것이 개인에 참을 수 없을 만큼 정신적인 문제가 될 경우에는 심각한 마음의 병이 될 수 있기 때문이다. 최근에 '멘탈 붕괴'라는 말이 일상어처럼 사용되고 있는 것처럼 힘들면 자유롭게 표현하고 병원에 갈 수 있어야 한다. 마음의 병은 감기처럼 모두가 가질 수 있는 병이기 때문이다.

이 책, 『철학으로 마음의 병 치유하기』에서 제시하는 철학상담은 변화된 시대적 상황에서 현대인 겪고 있는 마음의 병을 의료적 치료 및 약물처방으로 온전히 해결할 수 없다는 문제의식으로 출발한 것이다. 철학상담은 마음의 병을 의학적 진단 이전에 근본적으로 인간의 실존적 자기이해와 좋은 삶의 의미 및 가치에 대한 관점에서 이해하려고 한다. 많은 경우에 현대인의 정신적 고통은 삶에 대한 의미혼란과 가치갈등과 연관된 철학적 문제에 근거하고 있다. 이러한 문제는 자기존재에 대한 염려로부터 드러나는 타자와 세계와의 관계에서 이해될 수 있다. 삶의 불안과 염려, 삶의 공허함과 무의미, 타자와의 갈등과 불화, 자기 및 타자 혐오, 죄책감, 열등감과 무력감, 의욕상실과 우울 등과 같은 문제는 경험관찰 및 개량적 통계로 확인되기 이전의 실존적 상황에서 이해되어야 한다. 진정으로 자신이 어떤 존재이며, 어떤 것을 원하며, 어떻게 살아야하는지 모르고 살아가기에 겪게 되는 고통을 의학과 심리학의 손에만 내맡긴 채 간과하고 있는지도 모른다.

기존의 정신의학과 심리치료의 한계에 직면하여 새로운 대안을 찾으려는 시도와 함께 오늘날 철학의 역할이 새롭게 요청되고 있다. 최근 많은 심리치료들이 이론과 실천적인 측면에서 철학을 다양한 방식으로 수용하고 철학 내에서도 철학상담이라는 이름으로 연구와 활동을 병행하고 있다. 정신적 고통은 육체적 질병처럼 의학과 기술이 발전한다고 해서 단순하게 해결될 수 있는 영역이 아니다. 마음의 병은 단순히 의학적 질병분류체계로 진단되거나 수치로 표현되기도 쉽지 않다. 그러나 삶의 고통은 좋든 싫든 누구나 각자 고유한 방식으로 겪고 있으며 겪을 수밖에 없는 것이다. 이 책에서 다룬 다양한 철학자들을 통해 알 수 있듯이 철학은 육체적이고 정신적인 고통에 대한 투쟁의 긴 전통을 면면히 이어 왔다. 철학의 근본과제는 삶을 살아낼 수 있는 기예를 배양하는 것이었다. 철학상담은 오늘날 이러한 전통을 계승하여 변화된 정신적 상황에서도 몸이 상처를 아물게 하는 자생력을 가진 것처럼 우리의 정신이 가진 강력하고 신비스러운 자기치유력을 강화하는데 도움을 주고자 한다. 철학상담을 통해 진정한 자기 존재를 조명하려고 결단한 자는 철학함이라는 지속적인 실천을 통해 자신의 삶이 가지는 의미와 가치를 발견하고 스스로 마음의 병을 치유할 수 있는 능력을 향상시킬 수 있다.

철학상담은 의학적 진료나 심리치료와 다르다. 병리학적 진단 및 격리치료를 하지 않으며, 심리치료제도 사용하지 않는다. 철학상담은 이러한 병리학적 진단이전에 먼저 예방적 차원에서 더 큰 의미를 가지며 상담소 방문을 통한 도움 이후에도 스스로 치유할 수 있는 자기치료에 초점이 맞추어져 있다. 오늘날 다양한 방식으로 철학적인 상담, 치료, 실천이 전개되고 있다. 최근 한국에서는 물론 세계 각처에서 철학상담협회 및 학회를 통해 개인 및 집단상담이 실시되고 있으며, 철학카페, 철학라디오, 철학호텔, 철학실천소 등 다양한 소모임 및 매체활동을 통해서도 진행되고 있다. 또한 최근 국내에서 인문학에 대한 관심이 높아지면서 그와 연관하여 철학상담과 관련된 안내서 및 소책자들이 소개되고 있다. 철학상담 및 실천은 이제 우리 사회에 현대인을 위한 계몽적 운동의 일환으로 그 의미를 가진다.

이 책도 그러한 움직임에 기여하기 위해 쓰였다. 아무쪼록 이 책이 독자들에게 정신적 고통을 유발하는 마음의 병을 철학으로 치유하고 본래적인 자기존재를 되찾는 길잡이가 되길 바란다. 『철학의 위안』에서 철학과의 자기대화를 통해 정신적 고통을 극복한 보에티우스의 말을 다시 인용하며 이 책을 끝맺기로 한다.

"너의 길을 바깥에서 찾지 말고 안에서 찾아라. 너 자신보다 가치 있는 것이 있는가? 너 자신을 강하게 한다면 어떤 것도 너를 빼앗을 수 없을 것이다."

철학으로 마음의 병 치유하기

참고문헌

1. 단행본

김영진, 『철학적 병에 대한 진단과 처방: 임상철학』, 철학과 현실사, 2004.

수 클리볼드, 『나는 가해자 엄마입니다.』 (홍한별 역), 반비, 2016.

진교훈, 『의학적 인간학: 의학철학의 기초』, 서울대학교 출판부, 2002.

최인회, 「수상록」, 『한국현대문학』, 작은사전, 2002.

한국야스퍼스학회 엮음, 『칼 야스퍼스: 비극적 실존의 치유자』, 철학과 현실사, 2008.

Arendt H., 『예루살렘의 아이히만』 (김선욱 역), 한길사, 2006.

Boethius, M., 『철학의 위안』 (이세운 역), 필로소픽, 2016.

Brandt, D., 『철학실천』 (김재철 역), 경북대학교출판부, 2016.

Brant, S., 『바보배』 (노성두 역), 읻다, 2016.

Fabry, J., 『의미치료』 (고병학 역), 맥밀난, 1985.

Fallon, J., 『괴물의 심연』 (김미선 역), 더 퀘스트, 2013.

Frances, A., 『정신의학적 진단의 핵심: DSM-5의 변화와 쟁점에 대한 대응』 (박원명 역), 시그마프레, 2014.

Frankl, V., Man's Search for Meaning: An Introduction to Logotherapy, Boston 1946; 『죽음의 수용소에서』 (이시형 역), 청아출판사, 2005.

Frankl, V., Doctor and the Soul: From Psychotherapy to Logotherapy, NewYork 1986; 『프랑클의 실존분석과 로고테라피』 (심일섭 역), 한글, 2002.

Frankl, V., Ärztliche Seelsorge, München 2007; 『영혼을 치유하는 의사』 (유영미 역), 청아출판사, 2017.

Condrau, G., Freud, S. und Heidegger, M., Daseinsanalytische Neurosenlehre und Psychotherapie, Bern, 1002.

Gadamer, H-G., 『철학자 가다머 현대의학을 말하다』 (이유선 역), 몸과 마음,

2002.

Heidegger M., Zollikoner Seminare. Protokolle-Gespräche-Briefe. Frank- furt a. M., 1987.

Jaspers, K., Allgemeine Psychopathologie, Berlin, 1913. 1. Aufl., 1946 4. Aufl., 1953 6. Aufl.;『정신병리학 총론 1, 2, 3, 4』(송지영 외 역), 아카넷, 2014.

Jaspers, K., Die Schuldfrage: Von der politischen Haftung Deutschlands, München 1965;『죄의 문제: 시민의 정치적 책임』(이재승 역), 앨피, 2014.

Jaspers, K., Philosophie Ⅱ - Existenzerhellung, Berlin, 4. Aufl., 1973.

Jaspers, K., Der Arzt im technischen Zeitalter, München, 1986;『기술시대의 의사』(김정현 역), 책세상, 2010.

Jaspers, K.,『이성과 실존』(황문수 역), 서문당, 1999.

Marinoff, L.,『철학으로 마음의 병을 치료한다』(이종인 역), 해냄, 2000.

Raabe, P.,『철학상담의 이론과 실제』(김수배 역), 시그마프레스, 2010.

Raabe, P.,『상담과 심리치료에서 철학의 역할』(김수배 외 역), 학이시습, 2016.

Rogers, C.,『칼 로저스의 카운슬링의 이론과 실제』(한승호 역), 학지사, 1998.

Freud, S.,『정신분석학 입문』(서석연 역), 범우, 2017.

Salamun, K.,『카를 야스퍼스』(정영도 역), 지식을 만드는 지식, 2011.

Saner, H.,『야스퍼스』(신상희 역), 한길사, 1998.

Shorter. E.,『정신의학의 역사』(최보문 역), 바다출판사, 2009.

2. 논문

김빛나,「인터넷 게임 중독 : DSM-5 진단 기준에 따른 새로운 측정도구의 타당화 및 행위 중독으로서의 개념적 명료화」, 서울대학교, 2016.

김선희,「철학상담의 창시자, G. 아헨바흐와의 인터뷰: 고통받는 사람을 위한 철학상담」,『철학연구』, 120집, 철학연구회, 2018.

김인석,「고통의 의미: 빅터 에밀 프랑클의 로고테라피를 중심으로」,『인문학연구』, 22호, 충남대학교 인문과학연구소, 2012.

김재철, 「L. 빈스방거의 현존재분석에 대한 비판적 고찰」, 『철학연구』, 고려대학교 철학연구소, 2012.

김정현, 「야스퍼스의 정신의학과 실존해명의 철학」, 『철학』, 한국철학회, 2011.

김정현, 「프랑클의 실존분석의 임상방법 및 철학상담에서의 함의」, 『철학연구』, 대한철학회, 2011.

박병준, 「보에티우스의 『철학의 위안』과 철학실천」, 『철학논집』, 서강대학교 철학연구소, 2013.

박은선, 박지아, 「삶의 의미 연구의 국내 동향과 과제」, 『사회과학연구논총』, 이화여자대학교 사회과학연구소, 2013.

이영의, 「자살에 대한 치료적 설명: 정신분석, 로고테라피, 목적론적 상담의 비교」, 『범한철학』 72집, 범한철학회, 2014.

이진남, 「철학상담의 한국적 적용을 위한 기초이론연구」, 『범한철학』, 52집, 범한철학회, 2009.

이진오, 「야스퍼스에 있어서 정신병리학과 현상학」, 『철학과 현상학 연구』, 30집, 한국현상학회, 2006.

주혜연, 「야스퍼스의 정신병리학에서 건강과 병 그리고 치료의 의미」, 『철학논총』 81집, 새한철학회, 2015.

주혜연, 「칼 야스퍼스의 실존적 정신병리학과 철학상담: 필로테라피를 통한 실존적 자기되기」, 경북대학교, 2018.

주혜연, 「야스퍼스의 실존적 상호소통에 기초한 난민문제에 대한 고찰」, 『동서철학연구』 제92호, 한국동서철학회, 2019.

홍경자, 「야스퍼스의 실존조명과 프랑클의 실존분석적 로고테라피와의 관계: 철학실천으로서의 철학상담 이론과 관련하여」, 『철학연구』, 대한철학회, 2009.

3. 기타

보건복지부, '자살원인별 분석', 『자살예방백서』, 2016.

참고문헌

보건복지부, '2021년 OECD 보건통계', 2021.
통계청, '2018년 사망원인통계', 2018.

철학으로 마음의 병 치유하기

경북대학교 인문교양총서

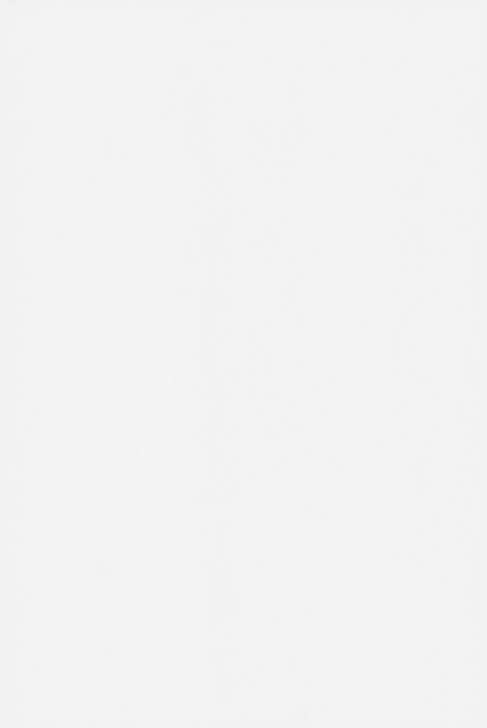